Elementary Latin Translation Book

LATIN READINGS for REVIEW

NEW INTRODUCTION

I have found Hillard's and Botting's ***Elementary Latin Translation Book (Latin Readings for Review)*** to be a delightful and most useful book to accompany and supplement any of the first year Latin texts currently in use. The Latin is pure, simple, and idiomatic, and easily understood and enjoyed by beginning Latin students.

New grammatical forms and constructions are introduced one by one in a carefully graded order. In each Latin reading the authors present the student with no form in declension or conjugation that has not already been learnt. This is a major accomplishment for an elementary Latin reader and one that is assiduously adhered to.

But to give practice in the knowledge of Latin syntax and accidence is not the only purpose of this little book. An acquaintance with the chief events of Roman History and stories from Greek mythology as presented in this reader is necessary for the proper understanding and appreciation of much of Latin prose and poetry. The vocabulary used in this reader provides a pleasant and at the same time a valuable alternative to the Caesar vocabulary used in many first year Latin texts.

This American edition is made more useful with the inclusion of a listing of Latin inflections (reprinted from Second Year Latin, Roy J. Deferrari and Sister Francis Joseph, originally published by The Bruce Publishing Company, 1961). This listing facilitates the use of this reader in that it eliminates the need to consult other grammars.

One of the best recommendations that I could give for this reader is the enthusiasm of my students in translating the various pieces. I am delighted to have this valued reader back in print.

St. Ignatius College Prep
Chicago

Donald H. Hoffman

Elementary Latin Translation Book

LATIN READINGS for REVIEW

BY

The Rev. A. E. Hillard, D. D.

AND

C. G. Botting, M.A.

WITH ADDITIONS

BY

Donald H. Hoffman

TWENTY-FIRST IMPRESSION
EIGHTH EDITION

BOLCHAZY-CARDUCCI Publishers, Inc.
Wauconda, Illinois, 1998

Cover Photo:
Roman Relief, School (third/fourth century). ***TRIER.***
by ***Raymond V. Schoder***

Cover Design:
Leon Danilovics and ***Charlene Hernandez***

Reprint of the Edition
Rivingtons, Montague House 1967

Bolchazy-Carducci Publishers, Inc.
1000 Brown Street
Wauconda, Illinois 60084

Printed in the United States of America
1998
by
United Graphics, Inc.

International Standard Book Number
0-86516-403-7

PREFACE

In former times it was considered reasonable that the substantial part of Latin Grammar—all the usual types of Declension and Conjugation—should be mastered before any serious translation was attempted. The tendency of the present day is very much the reverse, viz., to set the pupil to analyse pieces of translation and construct his own formal grammar from what he observes.

This is not the place for discussing the merits of these methods. Probably either will work the desired result if you have plenty of time and pupils of ability. But there are certain drawbacks about the second of the above methods which the writer of school-books must try to obviate. Especially there is the difficulty that, as soon as you go beyond simple sentences and try to present the pupil with a piece of Latin that makes continuous narrative, you are driven to use forms which correspond to no types which the pupil has yet learnt, or is likely to learn for some terms to come. He may have learnt the first two Declensions and the Indicative of *amo*, but he is set to analyse *egit, ierunt, ferret, profectus est.*

In theory this struggle is stimulating. If he is a clever boy, though he cannot locate these forms in his grammar, by the help of the context and some outside guidance he will make sense of the passage and will gradually absorb the vocabulary. But the knowledge thus acquired is not systematised in his mind and the disorder of it all prevents any consciousness of definite progress. It is this feeling of progress which gives the greatest stimulus and interest in the process of learning, and if it be absent no interest of 'subject matter' will supply its place. Therefore the method of learning by puzzling out pieces of translation without a background of grammar already acquired is apt to produce despair in the ordinary pupil. In fact it is only applicable to any great extent in learning non-flexional languages, where in the elementary stage the bulk of the work is learning *words*, and is not equally applicable to flexional languages, where the hardest work is assigning to their proper grammatical place and significance a multitude of terminations.

The present book is an attempt to get rid of this disadvantage. It presupposes that the beginner is learning the essentials of the Latin Grammar in the order set, *and it presents him at each stage with pieces of translation which demand no form in Declension or Conjugation which he has not already learnt.* The difficulty in preparing such pieces is immense, and for any imperfections in the work the authors can only appeal to the consciousness of any other schoolmasters who have tried a similar task. They believe that, whatever the performance, the method is right, and, without confining the pupil to the learning of grammar as such, will give him the satisfaction of feeling at every stage that there is something which he has really mastered. The objection that pieces so constructed cannot be literary Latin appeals to the authors just as much as to others—you cannot write literary Latin before you allow yourself an Ablative Absolute or *ut* with the Subjunctive. But if the pupil is led by a much more rapid process through the elementary stage to the possibility of dealing with these things the end will have been served.

The order of the grammar in this book is the same as in the authors' *Elementary Latin Exercises*, so that the two books can be used together if it is desired. The pieces for translation numbered with odd numbers present the chief events of Roman History in a chronological series, those with even numbers give stories from Greek mythology. The same words are repeated frequently. The authors do not apologise for this—a boy does not learn a word till he has had it several times, and it is a great stimulus to him to find certain words and phrases which he can gradually recognise and translate at sight.

CONTENTS

NOTE

* Reprinted from *Second Year Latin*, Roy J. Deferrari and Sister Francis Joseph, originally published by The Bruce Publishing Company, 1961.

EXERCISES

INTRODUCTORY EXERCISES

A

Grammar: **Present and Future Indicative Active** of *amo.* Refer to section 45 at the end of this volume. **Nouns of 1st Declension** (Nominative and Accusative Cases). Refer to section 1 at the end of this volume.

1. Copias parant.
2. Ad Ă̄siam navigant
3. Diu pugnant.
4. Famam comparant.
5. Troiam expugnant.
6. Copias parabunt.
7. Ad Asiam navigabunt.
8. Diu pugnabunt.
9. Famam comparabunt.
10. Troiam expugnabunt.

B

1. Late per Graeciam errat.
2. Inter incolas famam comparat.
3. Copias parabit.
4. Ad Asiam navigabit.
5. Incolas oppugnabit.
6. Tandem incolas superabit.
7. Troiam expugnabit.
8. Famam comparabit.
9. Hodie regnat.
10. Diu regnabit.

C

Grammar: **Perfect and Imperfect Indicative Active** of *amo.* #45.

Nouns of 1st Declension (Genetive, Dative and Ablative Cases). #1.

1. Olim in Graecia regnabat.
2. Inter incolas famam comparavit.
3. Copias paravit.
4. Ad Asiam navigavit.
5. Inter incolas Asiae famam comparavit.
6. Troiam oppugnavit.
7. Tandem Troiam superavit.
8. Postea ad Graeciam navigavit.
9. Hodie inter incolas Graeciae regnat.
10. Semper in Graecia fama durabit.

D

1. Olim in Asia pugnabam.
2. Saepe Troiam oppugnabant.
3. Tandem Troiam expugnaverunt.
4. Late per Asiam errabam.
5. Ad Italiam navigavi.
6. Inter incolas Italiae famam comparavi.
7. Diu in Italia pugnabam.
8. Tandem incolas Italiae superavi.
9. Semper fama in Italia durabit.
10. Aeneădae Albam Longam aedificabunt.

E

Grammar: **Pluperfect and Future Perfect Indicative Active** of *amo.* #45.

1. In Asia saepe pugnaveras.
2. Advenae Troiam saepe oppugnaverant.
3. Semper cum advenis pugnaveras.
4. Advenas prope superavisti.
5. Tandem Troiam expugnaverunt.
6. Diu inter incolas Asiae errabas.
7. Tandem ad Italiam navigavisti.
8. Ibi famam inter incolas comparavisti.
9. Aeneadae Romam aedificaverint.
10. Semper Romae fama durabit.

F

1. Diu inter incolas Graeciae regnabam.
2. Copias paravi et in Asiam navigavi.
3. Ibi diu prope Troiam pugnavimus.
4. Famam in Asia comparavimus.
5. Saepe Troiam oppugnaveramus.
6. Saepe incolas Asiae prope superaveramus.
7. Tandem Troiam expugnavimus.
8. Diu in Asia fama durabit.
9. Semper in Graecia fama duraverit.
10. Late per Italiam famam comparaverimus.

G

1. In Asia olim habitaverat.
2. Patriam semper amabat.
3. Advenae Troiam expugnaverunt.
4. Procul a patria errabat.
5. Tandem in Italiam cum advenis navigavit.
6. Contra incolas pugnavit.
7. Famam ibi comparaverunt.
8. Fama semper inter incolas Graeciae et Italiae durabit.
9. Hodie patriam amamus.
10. Semper patriam amabimus.

H

1. Incolae Italiae semper patriam amaverant.
2. Advenae contra Italiam propter invidiam coniura verunt.
3. Incolae Italiae advenas sagittis vulneraverunt.
4. E terra advenas fugaverunt.
5. Late per Graeciam errant.
6. Cras ad Asiam navigabunt.
7. Iterum contra incolas coniurabunt.
8. Iterum incolae advenas sagittis oppugnabunt.
9. Tandem advenas superabunt.
10. Iterum e terra advenas fugabunt.

SECTION I

Grammar: **Indicative Active** of *amo.* #45.

Nouns of 1st Declension. #1.

1

The Founding of Rome

Olim in Graecia regnabant Agămemnon et Mĕnĕlāus copias parabant et ad Asiam navigaverunt.

Cum incolis Asiae diu pugnabant: Troiam oppugnaverunt et tandem superaverunt.

Inter incolas Troiae pugnabat Aenēas: ubi advenae Troiam expugnaverunt, Aeneas late errabat et tandem ad Italiam navigavit.

Cum incolis Italiae pugnavit et superavit.

Aeneadae Albam Longam aedificaverunt.

Postea Rōmŭlus Romam prope Albam Longam aedificavit et ibi regnabat.

Incolae Romae late per Italiam famam comparabant.

Cum incolis Italiae pugnabant et saepe superabant.

Fama Romae hodie durat et semper durabit.

2

Aeneas addresses his Followers

Patriam olim amavimus, ubi in patria habitabamus: hodie procul a Phrӯgia erramus. Advenae Troiam expugnaverunt et nos e patria fugaverunt: nos patriam in terra advenarum exploramus, et Troiam iterum aedificabimus. Ad Italiam tandem navigavimus. Incolae Italiae contra nos coniurant et copias parant: cras oppugnabunt. Sagittis nos vulnerabunt, fortasse primo fugabunt; non tamen superabunt. Si primo nos fugaverint, non vos a pugna revocabo: iterum oppugnabimus, tandem superabimus. Olim vos inter incolas Asiae famam comparavistis: si famam amatis, servabitis.

SECTION II

Grammar: **Nouns of 2nd Declension in *-us*.**

#2.

3

The Seven Kings of Rome

Regnabant inter Romanos Romulus, Nŭma Pompilius, Tullus Hostĭlius, Ancus Martius, Tarquĭnius Priscus, Servius Tullius, Tarquinius Sŭperbus.

Romulus et Remus gemini erant.

Romulus murum aedificat.

Remus propter invidiam trans murum saltat.

Romulus Remum necat et inter Romanos regnat.

Post Romulum Numa regnavit.

Romulus propter militiam, Numa propter sapientiam famam comparavit.

Tullus Hostilius saepe contra finitimos pugnavit.

Albanos superat et Albam Longam expugnat : postea cum Albanis amicitiam confirmat.

Ancus Martius cum Latinis primo pugnabat, postea amicitiam confirmavit.

Tarquinius Priscus Circum, Servius Tullius murum aedificavit.

Tandem Tarquinius Superbus inter Romanos regnavit : post Tarquinium Superbum nemo regnavit.

4

The Greatness of Rome

Romani in Italia habitabant; patriam amabant et saepe contra finitimos pugnabant.

Non solum finitimorum sed etiam barbarorum copias oppugnabant.

Late per Italiam colonias collocabant: in Gallia victoriam saepe reportabant: Graecos superaverunt, etiam ad Asiam navigaverunt.

Non solum propter victorias sed etiam propter sapientiam famam comparabant: ad philosophiam et litteras animos applicabant.

Cum finitimis, ubi superaverant, amicitiam confirmabant: barbaros ad disciplinam informabant.

Nos procul ab Italia habitamus: fama tamen Romanorum etiam hodie inter nos durat et semper durabit.

SECTION III

Grammar: **Nouns of 2nd Declension in *-um*.**

#2.

5

The Expulsion of the Tyrant

Tarquinius Superbus templum in Capitolio aedificavit et colonias in Italia collocabat.

Bellum contra finitimos paravit: Volscos saepe superabat et oppida expugnabat.

Sed Romani nec Tarquinium nec filium Tarquinii Sextum amaverunt.

Itaque populus contra tyrannos coniuravit.

Tarquinium et filios in Etruriam, ubi olim habitaverant, fugaverunt.

Nemo post Tarquinios inter Romanos regnavit.

Imperium administrabant Brutus et Valerius.

Brutus filios necavit quod pro Tarquinio contra populum coniuraverant.

Valerium Romani Poplĭcŏlam vocaverunt quod populo amicus erat.

Diu inter Romanos durabat Bruti et Tarquinii fama.

6

Greek Tyrants

Olim in Graecia tyranni regnabant. Saepe bene regnabant; famam propter victorias et sapientiam comparaverunt: cum finitimis amicitiam confirmabant: muros et templa aedificabant: ad philosophiam et litteras animos applicabant: contra barbaros pugnabant et patriae incolas a periculis servabant. Graeci tamen tyrannos non amabant, quod saepe crudeliter administrabant imperium. Itaque contra tyrannos coniuraverunt et ex oppidis fugaverunt.

Nos Graecorum exemplum hodie laudamus: nemo hodie tyrannos amat. Etiam si bene regnant, si patriam e periculo servant, populus non libenter vitam et bona tyranni arbitrio mandat. Hodie fere ubique imperium administrat populus.

SECTION IV

Grammar: **Nouns of 2nd Declension in *-er*. #2**

7

The Battle of the Lake Regillus

In Etruria habitabant Etrusci: inter Etruscos Lars Porsena regnabat. Ubi Romani Tarquinium in Etruriam fugaverunt, Etrusci contra Romanos pro Tarquinio coniuraverunt et socios ad bellum vocabant. Copias prope muros Romae collocant et agros vastant: Romanos trans fluvium fugant. Iam Romam prope expugnaverant, sed Horatius Cocles cum Spurio Lartio et Tito Herminio patriam servavit.

Postea Tarquinius amicitiam cum Latinis confirmavit et bellum iterum paravit. Romani imperium Aulo Postumio mandaverunt. Prope Regillum Lacum Etrusci cum Romanis diu et acriter pugnabant. Tandem Aulus clamat, 'Si Etruscos superavero, templum deis dedicabo.' Tum gemini dei, Castor et Pollux, ex equis contra Etruscos pugnant. Romani victoriam reportant et templum deis geminis dedicant.

8

Greek Schools

Olim in Graecia, sicut in Britannia hodie, pueri ad scholas commeabant. Spartani vitam omnino patriae dedicabant: itaque in Spartanorum scholis magistri puerorum animos non solum libris ad sapientiam informabant, sed per disciplinam, etiam per ludos, ad militiam confirmabant.

Athenarum incolae non solum propter bella, sed etiam propter sapientiam et litteras, inter Graecos famam comparaverunt. Ad historiam et philosophiam animos applicabant: si finitimos bello superaverant, victorias litteris mandabant. Itaque in scholis praecipue ad litteras magistri informabant. Magistri saepe servi erant: tamen pueros verberabant, si parum diligenter laboraverant. Contra pueri magistros saepe vexabant: Alcĭbiădes olim magistrum verberavit quod inter libros Homeri scripta non erant.

SECTION V

Grammar: **Present, Future, Imperfect and Perfect Indicative Active of** *moneo.* **#45.**

Adjectives in *-us.* **#9.**

9

Mūcius Scaevola

Ubi Etrusci castra prope Romam collocaverunt, C.[1] Mūcius cum multis amicis contra Porsenam coniuravit. ‘Castra Etruscorum,’ clamat, ‘intrabo: tyrannum necabo.’ Castra intrat, sed, quoniam Porsenam ignorabat, scribam tyranni pro tyranno necavit. Ubi fugam temptavit, ministri Mucium reportaverunt. Porsena Mucium magna ira multis cum minis de consilio interrogavit. Mucium nec ira nec minae terruerunt: nihil de amicis nuntiavit. ‘Si de amicis tacebis,’ clamat tyrannus, ‘flammis circumdabo.’ In ara prope Porsenam flamma ardebat: Mucius dextram in flamma diu tenebat. ‘Nec minas,’ respondet, ‘nec supplicium timet Romanus.’ Placuit tyranno responsum. ‘Puerum tam intrepidum,’ clamat, ‘non necabo, sed liberabo.’ Tum Mucius, ‘Minis,’ clamavit, ‘animum non terruisti, beneficio superavisti. Antea nihil de consilio nuntiavi: iam nuntiabo. Cum multis amicis coniuravi: si Mucium necabis, Mucii amici singuli tyrannum oppugnabunt, tandem necabunt.’ Movet Porsenam pueri Romani audacia: statim liberat. Mucium postea amici Scaevolam vocabant.

[1] See p. 107.

10

Hercules and Cacus

Erat olim in Italia monstrum horrendum Căcus: oculos saevos habebat, flammas spirabat: in spelunca habitabat: per agros saepe errabat et finitimos crudeliter vexabat. Incolae diu timebant Cacum, nemo tamen necavit, nemo etiam oppugnaverat. Tandem Hercules deus ad Italiam commeavit. multos tauros habebat. Cacus aliquot tauros in speluncam caudis tractavit; itaque, ubi Hercules locum investigavit, vestigia taurorum latebras non indicaverunt. Tum in spelunca unus e tauris clamavit: statim Hercules ad locum properavit; ira animum movebat. Tum primum Cacus timebat: frustra fugam temptavit, frustra in spelunca flammas spirabat. Hercules multis telis oppugnat, tandem superat et necat. Itaque et tauros reportavit et incolas periculo liberavit.

SECTION VI

Grammar: **Future Perfect and Pluperfect**

Indicative Active of *moneo.* **#45.**

Adjectives in ***-er (2nd and 1st Declension forms).*** **#9.**

11

Patricians and Plebeians

Non iam inter Romanos, ubi Tarquinium fugaverunt, regnabant tyranni: nondum tamen omnino liber erat populus. Romanorum alii patricii, alii plebeii erant: patricii primi in oppido domicilium habuerant: plebeiorum multi propter mercaturam eo commeaverant, multi ibi ex aliis oppidis exsulabant. Patricii soli imperium administrabant: plebeii miseri pro patriciis contra finitimos populos pugnabant, saepe superabant, victoriae tamen emolumenta habebant nulla. Ardebant ira animi plebeiorum nec iam de iniuriis tacebant. Tandem turba miserorum forum intravit. 'Satis diu, patricii,' clamaverunt, 'iniurias sustinuimus: nos pro patria pugnamus, vos patriae imperium administratis, vos victoriae emolumenta habetis. Sicut servi, tyrannorum arbitrio paremus: non iterum pro tyrannis pugnabimus.' Moverunt animos patriciorum non solum minae plebeiorum sed etiam belli periculum, quoniam Volsci, finitimi Romanorum, iam muros prope oppugnabant. 'Si iam pro patria contra Volscos pugnabitis,' clamant, 'non iterum tot iniurias sustinebitis.' Placuit plebeiis patriciorum responsum. Libenter contra Volscos pugnaverunt et ubique superaverunt.

12

The Minotaur

Non procul a Graecia parva est insula Crēta: olim Cretae incolae magnam potentiam habebant et magnam ubique famam comparaverunt: Mīnos tyrannus non solum in Creta multa sapientia regnabat sed etiam per finitimas insulas imperium administrabat: a multis tributum postulabat: piratae Cretae tyrannum timebant nec iam inter insulas navigabant et agros vastabant. In labyrintho monstrum horrendum Minotaurum tenebat. Ab incolis Athenarum Minos quotannis postulabat septem pueros et septem puellas: quotannis Minotaurus septem pueros et septem puellas vorabat. Graeci semper timuerant Cretae tyrannum, nemo tamen oppugnaverat, nemo contra Cretam bellum paraverat. Tandem Theseus ad insulam navigavit: virum intrepidum nec belli pericula nec fama monstri terruerat. Tyrannum bello superat: Minotaurum in latebris investigat, tandem necat. Itaque magnam famam comparavit et patriam periculo et exitio liberavit.

SECTION VII

Grammar: **Present, Future, Imperfect and Perfect Indicative Active of *rego*. #45.**

13

The Secession of the Plebs

Quamquam plebeii pro patria pugnaverant et Volscos superaverant, non tamen promissa praestabant patricii. Itaque domicilia relinquunt et Roma ad locum finitimum discedunt. 'Non iam,' clamabant, 'pro patria pugnabimus nec agros colemus, nisi patricii promissa praestabunt.' Terrebant patricios plebeiorum minae: multa in Curia disserunt: tandem bona consilia superant: legatos ad plebeios mittunt. Unus e legatis, Menēnius Agrippa, magnam famam propter sapientiam habebat. Notam fabulam narravit. Tum 'Non iam,' clamavit, 'patricii soli imperium administrabunt: multa plebeiis concedunt. Quotannis tribunos creabitis: tribuni plebeios ab iniuriis defendent. Agrippa plebeiis amicus est: si Agrippae consilio parebitis, iterum iam pro patria pugnabitis et agros coletis: si non parebitis, Volsci et patricios et plebeios bello superabunt.' Placuit plebeiis Agrippae consilium: ad domicilia reverterunt, pro patria pugnabant, agros colebant. Quotannis plebeii tribunos creabant: tribunorum arbitrio etiam patricii parebant.

14

The Wooden Horse

Graeci Troiam obsidebant: saepe muros oppugnabant, saepe Troianorum copias superaverant, non tamen oppidum expugnaverunt. Tandem Ulixes clamat 'Armis oppidum non expugnavimus: consilio expugnabimus.' Tum consilium ostendit. Graeci libenter parebant. Equum ligneum aedificaverunt: in equo viros multos et intrepidos collocant: tum ad oram discedunt et equum prope muros oppidi relinquunt. Magna turba Troianorum ex oppido excedit. Unus e Graecis in silva prope equum latebat. Troiani e latebris traxerunt et multa interrogabant. Multa et falsa respondet. 'Graeci ad oram discedunt: mox ad patriam navigabunt: equum Minervae dedicaverunt. Vos si equum in oppidum trahetis, copias in Graeciam ducetis et Graecos bello superabitis.' Itaque Troiani equum in oppidum traxerunt: totus populus propter gaudium convivium celebravit. Tum repente ex equo excedunt Graeci: portas oppidi reserant: reliqui Graeci intrant. Oppidum incendunt et incolas necant.

SECTION VIII

Grammar: **Future Perfect and Pluperfect Indicative Active of** ***rego.*** **#45.**

Nouns (Consonant Stems) of 3rd Declension. #3, #4.

15

Spŭrius Cassius

Romani, si finitimos bello superaverant, captum agrum publicum vocabant et inter patricios dividebant ; plebeii tamen agrum publicum habebant nullum. Tandem Sp.[1] Cassius, populi Romani consul, legem plebeiorum causa rogavit. 'Non iam,' clamavit, 'patricii soli publicum agrum colemus : etiam plebeii victoriae emolumenta habebunt.' Ardebant ira animi patriciorum. 'Contra populum Romanum,' clamabant, 'Sp. Cassius coniurat : regnum appetit : si agrum publicum plebeiis concesserit et munere eiusmodi auctoritatem confirmaverit, rex inter Romanos reget.' Itaque populus legem antiquavit : legis latorem, quamquam Sabinos bello superaverat, Latinos et Hernicos Romanis foedere adiunxerat, patricii falsis criminibus accusaverunt et iudices damnaverunt. Sic Sp. Cassius, pauperum amicus, propter plebeiorum suspicionem et patriciorum invidiam, non solum non plebeios ab iniuria defendit sed mortem oppetivit inhonestam.

[1] See p. 107.

16

The Wrath of Achilles

Ubi Graeci Troiam obsidebant, Achilles magna virtute contra Troianos pugnavit; agros late vastabat, multa oppida expugnavit. Agamemnon rex Graecarum erat copiarum imperator. Magna erat rixa inter regem et Achillem. Ardebat ira animus Achillis propter minas et contumelias Agamemnonis: itaque ad tabernaculum discessit nec iam pro Graecis pugnabat. Tum ubique Troiani superaverunt: magnum erat periculum Graecorum. Tandem rex legatos ad Achillem misit: munera portabant, multa frustra promiserunt. Achillis animum nec muneribus nec promissis movebant. Patroclus tamen amicus arma Achillis sumit et contra Troianos pugnavit. Hector, Priămi regis Troiani filius, Patroclum necavit. Magnus erat dolor, magna ira Achillis, ubi Graeci mortem Patrocli nuntiaverunt. Iterum arma sumit, Troianos fugat, Hectŏrem necat. Tum Hectoris corpus ter cotidie circum tumulum amici traxit. Tandem Priamus tabernaculum Achillis intravit. Multis cum lacrimis corpus filii petivit. Moverunt Achillem senis lacrimae et corpus Hectoris reddidit.

SECTION IX

Grammar: **Present, Future, Imperfect and Perfect Indicative Active of** ***audio.*** **#45.**

Nouns (I stems) of 3rd Declension. #5.

17

CŎRIŎLĀNUS

Romani bellum cum Volscis gerebant: Volsci oppidum Cŏriŏlos muniverunt: diu frustra Romani oppugnabant. Tum Cn.[1] Marcius, iuvenis Romanus propter virtutem notus, prope solus oppidum intravit, incolas necavit, muros incendit: exinde cives Cn. Marcium Coriolanum vocabant. Postea tamen ubi in urbem revertit et populi suffragia petebat, per superbiam plebeiorum iram movit; itaque Coriolanum consulem non creaverunt. Erat tum magna frumenti inopia, quod plebeii, ubi ex urbe in Sacrum Montem excesserunt, agros non coluerant. Gĕlon rex, populi Romani amicus, frumentum ad Romanos misit. Tum Coriolanus, 'Propter plebeios,' clamavit, 'inopia in urbe est: itaque frumentum inter plebeios non dividemus, nisi iura patriciis reddiderint: si tribuni auctoritatem servabunt, frumentum non habebunt plebeii.' Coriolani minas magna cum ira plebeii audiverunt: frustra tamen tribuni accusaverunt. 'Nec damnabitis Coriolanum,' clamat, 'nec punietis: ex urbe excedam et inter Volscos exsulabo.' Tum cum hostibus

[1] See p. 107.

populi Romani bellum contra patriam gessit, patriae agros vastavit. Frustra Romani legatos miserunt: animum non moverunt. Tandem mater Coriolani et uxor cum lacrimis petebant: matris lacrimis concessit Coriolanus. 'O mater,' clamavit, 'patriam servavisti, filio exitium paravisti.'

18

Ulysses and the Winds

Ulixes, ubi Graeci Troiam expugnaverunt et ad Graeciam reverterunt, cum comitibus ad insulam Aeoliam navigavit. Habitabat in insula Aeolus rex. Dei Aeolo imperium ventorum mandaverant. Diu cum rege Ulixes et comites manebant. Tandem, ubi discedebant, Aeolus Zephyrum emisit, reliquos autem ventos in sacco vinxit: saccum Ulixi dedit. 'Nisi saccum aperies,' inquit, 'Zephyrus ad Ithăcam insulam navem ducet.' Ubi iam ad patriam veniebant et Ulixes, labore fessus, quod solus diu navem rexerat, dormiebat, multa clam comites disserebant. 'Aurum et argentum,' clamabant, 'in sacco Ulixes portat: regis munera inter comites non divisit: saccum aperiemus.' Itaque saccum aperuerunt et reliquos ventos emiserunt. Statim navis ad insulam Aeoliam revertit. Frustra tum Ulixes et comites a rege auxilium petiverunt. 'Inimicus est deorum Ulixes,' inquit; 'deorum inimicum non adiuvabimus.' Itaque magno dolore ad oram reverterunt. Ventus autem non iam ad patriam navem ducebat.

SECTION X

Grammar: **Future Perfect and Pluperfect Indicative Active of** ***audio.*** **#45.**

Adjectives of 3rd Declension. **#10, #11, #12.**

19

An Heroic Family

Est in Etrūria urbs Veii : Romani olim cum Veientibus bellum gerebant. Hostes urbem muris ingentibus muniverant et agros finitimos vastabant : ubi nostri oppugnabant, intra muros milites ducebant ; mox, ubi discesserunt, iterum agros vastabant. Tum Caeso Fabius, populi Romani consul, 'Vos,' inquit, 'cives Romani, aliis bellis animum iam applicabitis, Veiens bellum genti Fabiae mandabitis : Fabii soli cum Veientibus pugnabunt : nec pecuniam nec milites a civitate postulabimus.' Placuit civibus consilium Fabii : postridie consul cum omni gente ex urbe excessit. Diu non solum agros Romanos defendebant sed etiam omnem populum Veientem terruerunt. Tandem dux hostium, 'Armis,' inquit, 'non superavimus : consilio superabimus.' Itaque pecora in agris reliquerunt, insidias haud procul posuerunt. Fabii, quod propter multas victorias non iam hostes timebant, praedam in agris incaute petebant. Tum repente magnos hostium clamores audiverunt: undique Veientes iaculis et sagittis oppugnaverunt. Frustra Fabii contra ingentes copias hostium pugnabant. Gens omnis Fabia, praeter unum puerum, in pugna cecidit: nam, ubi ex urbe excesserunt, unum puerum propter aetatem domi reliquerant.

20

The Ancient Egyptians

Inter alias fabulas Herodotus multa et mira de Aegyptiis narravit. Canes et faeles praecipue amabant: ubi incendium in urbe erat, ubique in publicas vias veniebant, alia omnia neglegebant, faeles solas custodiebant; si vel una faelis in flammas saltaverat, magnus erat dolor Aegyptiorum: si domi faelis vita excesserat, incolae domicilii propter dolorem supercilia radebant: canis autem propter mortem et caput et omne corpus radebant.

In fluvio Nilo multi erant crocodili: crocodilos sic captabant Aegyptii. Carnem porcinam hamo infigebant et in fluvium demittebant: tum in ripa vivum porcum verberabant. Crocodilus ubi porci clamores audivit statim ad locum properabat, carnem cum hamo incaute vorabat. Tum in oram trahebant et necabant.

SECTION XI

Grammar: **Present, Future, Perfect and Imperfect Indicative Passive of** *amo.* **#45.**

21

Cincinnātus

L.[1] Quinctius Cincinnatus, populi Romani consul, ubi imperium administrabat, famam inter omnes propter virtutem comparavit: postea senex in parvo fundo haud procul ab urbe habitabat et agros colebat. Mox in urbem revocatus est: nam castra Romanorum, ubi cum Aequis bellum gerebant, ab hostibus oppugnata sunt. Magnum erat periculum, ingens omnium timor. Statim Cincinnatus dictator creatus est: senatores ad Cincinnatum nuntios miserunt. In parvo fundo, ubi agros arabat, senem invenerunt. Statim togam ab uxore sumpsit, nuntiorum verba audiebat. 'Dictator, Cincinnate,' inquiebant, 'creatus es: nisi statim ad urbem veneris et copias Romanas contra Aequos duxeris, nostri ab hostibus superabuntur, cives omnes necabuntur.' Postridie prima luce in forum venit, magna celeritate copias paravit et ante mediam noctem ad montem Algidum, ubi hostes castra posuerant, duxit. Aequi, quoniam utrimque a Romanis oppugnabantur, arma deposuerunt. Victor hostes sub iugum misit, duces hostium captivos in triumpho per urbem duxit: postea ad parvum fundum revertit.

[1] See p. 107.

22

THE FATE OF TWO HANDSOME BOYS

Hyacinthus, regis Lacedaemonii filius, notus inter omnes propter pulchritudinem erat: praecipue a deo Apolline amabatur. Olim cum deo discis ludebat: tum Zephyrus propter invidiam, quod puer Apollinem amabat, Zephyrum autem non amabat, ventum acrem emisit et ingentem Apollinis discum in caput Hyacinthi immisit. Statim mortuus humi cecidit. Postea e terra, ubi pueri infelicis sanguine cruentabatur, flos pulcher surgebat: floris frondes prima littera nominis notatae sunt. Itaque flos ab omnibus hyacinthus vocabatur.

Narcissus quoque propter pulchritudinem magnam famam habebat. Propter superbiam iram omnium et invidiam movebat. Itaque dei puerum infelicem puniverunt. Olim oris imaginem in fluvio spectabat: statim pulchritudinis amore superatus est: diu frustra imaginem captabat, tandem propter dolorem vita excessit. E loco, ubi ceciderat, flos pulcher surgebat: flos hodie narcissus vocatur.

SECTION XII

Grammar: **Future Perfect and Pluperfect Indicative Passive of *amo*. #45.**

23

THE TWELVE TABLES

Praeter alias causas irae propter unam praecipue causam plebeiorum animi ira excitabantur. Ius administrabant soli patricii, leges tamen omnino erant nullae: itaque ius omne ad arbitrium patriciorum semper administratum erat. Tandem pro consulibus decemviri a populo creati sunt: decemviri primo bene imperium administraverunt et leges omnibus notas condebant. Magnum erat gaudium plebeiorum: decemviri iterum creantur. Iam tamen crudeliter auctoritatem exercebant: praecipue Appius Claudius per superbiam omnium iram movebat. 'Imperium,' inquit, 'decemviris populus concessit: imperium non deponemus.' Tum iterum ad Montem Sacrum plebeii discesserunt: statim decemviri imperium deposuerunt nec iterum creati sunt. Manebant tamen novae leges in duodecim tabulis scriptae.

24

A Horrible Banquet

De Tantălo fabulae multae et mirae narrantur. Saepe ad cenam a deis immortalibus vocatus erat; semel deos vocavit. Magnam cenam paravit: simul 'Deorum,' inquit, 'sapientiam temptabo: carnem humanam pro ferina carne apponam: dei fraudem non sentient.' Itaque Pelopem filium necavit, carnem et membra in multas partes divisit et in aeno coxit. Tum cibum mirum et horrendum deis apposuit. Dei tamen fraudem statim senserunt, nihil ederunt. Ceres autem nuper filiam amiserat: propter dolorem incaute Pelopis humerum edit. Magna erat deorum ira propter fraudem: membra Pelopis iterum in aenum posuerunt, iterum coxerunt: sic vitam puero infelici reddiderunt. Pro humero alter humerus eburneus datur: exinde semper Pelopidae omnes alterum humerum candidum velut eburneum habebant. Tantalum autem dei pro scelere magnis suppliciis puniverunt.

SECTION XIII

Grammar: **Present, Future, Imperfect and Perfect Indicative Passive of** *moneo.* #45.

25

Spŭrius Maelius

In urbe olim magna erat cibi inopia. Tum Sp. Maelius, eques plebeius propter divitias notus, frumentum in Etruria emebat et civibus pauperibus aut parvo vendebat aut gratis dabat. Propter liberalitatem magno in honore a plebeiis habebatur, patriciorum autem iram movebat. Itaque falsis criminibus accusatus est. 'Contra populum Romanum,' clamabant patricii, 'Sp. Maelius coniurat: regnum appetit: si iam muneribus plebeiorum animis placuerit auctoritatemque confirmaverit, iterum mox sub regis imperio civitas Romana tenebitur: vos, cives, si patriam amatis, Sp. Cassii exemplo monebimini.' Ingens statim timor inter omnes cives movebatur. Cincinnatus dictator, C. Servīlius Ahāla magister equitum creatus est. Dictatoris imperio Maelius non parebat: tum Ahala cum turba iuvenum patriciorum forum intravit; Maelium telis oppugnaverunt et necaverunt. Diu inter Romanos Ahalae factum laudabatur: hodie tamen a multis Sp. Maelius vir bonus et pauperum amicus habetur: nam Ahala postea damnatus est et ex urbe in exsilium discēssit.

26

Pride Punished

Olim Minerva tibia ludebat. Repente oris imaginem in aqua videt. 'Tibia,' inquit, 'pulchram deam non decet.' Itaque magna ira a loco discessit, tibiam humi reliquit. Postea Marsyas invenit: tibia, quod nuper os deae tetigerat, ubi Marsyas ludebat, sonos miros et dulces emisit. Magnum erat Marsyae gaudium: etiam Apollinem ad certamen provocavit. 'Musae,' inquit, 'inter nos iudicabunt; victor victo supplicium constituet.' In spelunca certamen habebatur: Apollo cithara, Marsyas tibia ludebant. Musarum arbitrio penes Apollinem erat victoria. Tum deus hominem infelicem propter superbiam crudeliter punivit: ad arborem vinxit et cutem a vivo homine detraxit. E spelunca, ubi sanguis humi ceciderat, fluvius fluebat: tibia fluvio ad aliam terram portabatur, ubi Apollini in templo dedicata est.

SECTION XIV

Grammar: **Future Perfect and Pluperfect Indicative Passive of** *moneo.* **#45.**

Some exceptional Nouns of 2nd and 3rd Declensions. #3, #4, #5, #8.

27

The Capture of Veii

Etrusci olim terra marique magnam potentiam habuerant: tum a Graecis naves deletae, a Samnītibus agri vastati erant: postea simul a Gallis et a Romanis bello vexabantur. Urbs Veii diu a Romanis obsidebatur: primo Etrusci non solum urbem defendebant sed etiam ingentem timorem inter Romanos moverunt. Itaque M.[1] Fūrius Cămillus dictator creatus est: Camilli consilio milites cuniculum sub terra ad arcem urbis egerunt. Interea rex Veientium dis immortalibus immolabat. 'Si dis, O rex,' inquit sacerdos, 'hostiam immolabis, di victoriam in bello dabunt.' Sacerdotis verba Romani audiverunt: aliquot milites e cuniculo veniunt, hostiam ad dictatorem portant: Camillus dis immolavit. Simul ex omni parte urbis muri a Romanis oppugnabantur: alii arcem per cuniculum intraverunt.

Camillus propter victoriam triumphum egit: postea tamen, quod plebeiorum iram moverat, falso crimine a tribunis accusatus est. 'Non me iudices damnabunt,' inquit; 'ultro in exsilium discedam; si innocens accusor, civitas ingrata mox desiderabit.'

[1] See p. 107

28

A Schoolmaster's Treachery

Romani, ubi cum Etruscis bellum gerebant, urbem in Etruria Fălērios obsederunt. Faliscorum filios omnes unus magister docebat, vir sapiens sed improbus. Cotidie pueros ludi causa ex urbe ducebat, tandem ad castra Romana duxit. Tum ad Camillum, imperatorem Romanum, venit: 'Urbem,' inquit, 'Romanis trado, nam principum filios trado: si pueros obsides habebitis, Falisci statim urbem tradent.' Respondit Camillus, 'Non ita bellum gerimus Romani, nec contra pueros arma sumpsimus: sunt et belli, sicut pacis, iura.' Tum magistrum nudavit et pueris tradidit: pueri proditorem verberaverunt et in urbem egerunt.' Movit animos Faliscorum Camilli liberalitas: legatos statim ad castra Romana, inde ad Curiam miserunt. 'Beneficio,' clamaverunt, 'si non armis, nos superavistis: ultro urbem tradimus: populi tam iusti imperio libenter parebimus.'

SECTION XV

Grammar: **Present, Future, Imperfect and Perfect Indicative Passive of** ***rego.*** **#45.**

Nouns in ***-us*** **of 4th Declension. #6.**

29

The Capture of Rome

Ad Gallos, quod in Etruriam copias duxerant, legati a Romanis missi sunt: tum contra ius gentium legati arma sumpserunt et cum Etruscis contra Gallos pugnaverunt. Itaque Galli ab Etruria in agros Romanos venerunt. Statim ab urbe exercitus contra novum hostem missus est. Prope Alliam fluvium pugnabant. Terrebant Romanos saeva ora, magni clamores, ingentia corpora barbarorum: nostri vix primum impetum sustinuerunt sed urbem fuga petiverunt. Omnium animi ingenti timore movebantur. Iuvenes statim Capitolium occupaverunt, reliqui, praeter senatores, in Etruriam discedebant. Galli urbem intrant, ad forum veniunt: mirum ibi spectaculum oculis ostenditur: nam senatores animis ad mortem paratis adventum hostium expectabant: magistratus in eburneis sellis sederunt honorumque insignia gerebant. Diu barbari senes immotos, velut deum imagines, spectabant. Tum unus e Gallis M. Păpĭrii barbam manu permulsit: senex iratus caput scipione eburneo ferit statimque a barbaro necatur. Tum omnes ira moventur reliquosque senes in sellis trucidant.

30

A Prophecy Independently Confirmed

Erant in Etruria multi et sapientes haruspices. Ubi Romani urbem Veios obsidebant, unus ex haruspicibus in sermonem cum militibus Romanis incidit. 'Romani,' inquit, 'urbem Veios non expugnabunt nisi aqua e lacu Albano emittetur.' Postea e muris in aggeres Romanos venit. Tum unus e Romanis, iuvenis fortis, senem infirmum superavit et ad imperatorem traxit. Ab imperatore ad urbem missus est. Interea Romani legatos in Graeciam ad oraculum Apollinis miserant et reditum exspectabant. Legati ubi reverterunt dei responsum nuntiaverunt: 'Sic Apollo Romanos monet: nisi aqua e lacu Albano emittetur, Romani Veios non expugnabunt.' Tum denique seni crediderunt.

Lacus Albanus tum forte imbribus auctus erat. Itaque Romani oraculo parent, aquam per agros emittunt, urbem Veios expugnant.

SECTION XVI

Grammar: **Future Perfect and Pluperfect Indicative Passive of *rego*. #45.**

Nouns in *-u* of 4th Declension. #6.

31

The Return of Camillus

Interea arx Romae Capitoliumque in ingenti periculo erat. Noctu aliquot Galli per angustam viam genibus nixi ascendebant: non solum milites, sed etiam canes fallebant, anseres tamen Iunoni sacros non fefellerunt. Anserum clamoribus excitatus est M. Manlius: primum hostem manu deturbat: tum arma sumpsit, reliquos ad arma vocavit; Gallos singulos Romani trucidaverunt.

Magna iam cibi inopia in arce erat: diu tamen sustinebant; etiam panem inter hostes iactabant. 'Nam si cibi inopiam senserint,' dictator inquit, 'Gallorum animi confirmabuntur.' Tandem legatos ad hostem miserunt: salutem mille libris auri emerunt. Aurum in foro a Q.[1] Sulpĭcio trĭbuno militum Brenno regi Gallico datur: ubi tribunus 'Iniqua pondera,' inquit, 'habetis, Galli,' Brennus ponderi gladium addidit: simul 'Vae victis' clamavit.

Interea tamen exercitus a M. Furio Camillo exsule in Etruria collectus erat: verba insolentia a rege vix dicta erant ubi Camillus cum novis copiis forum intravit. Statim Gallos acri impetu oppugnant omnesque mox trucidant.

[1] See p. 107.

32

The Quest of the Golden Fleece

Olim cum Argonautis, viris multis et intrepidis, Iāson, quod a patruo missus erat, e Graecia in Asiam navigavit: aureum vellus ab Aeēta rege petebat. 'Vellus dabo,' respondit rex, 'si solus tauros aratro iunxeris, dentes draconis in agro severis.' Mēdēa autem, regis filia, Iasonis amore superata est: ubi patris verba audivit magno timore movebatur. Tamen consilium Iasoni dedit. 'Tauri,' inquit, 'ingentia cornua, aeneos pedes habent; ex ore flammas spirant: ubi dentes draconis severis, viri armati e terra surgent telisque oppugnabunt: denique aureum vellus draco custodit. Medeae tamen magicis artibus omnia pericula superabis.' Sic Iason regis iussis paruit: aureum vellus ad navem portavit, cum Medea et Argonautis discessit. Magna erat regis ira: navem parat, comites ad arma vocat. Medea tamen parvum fratrem in navem duxerat: ubi oram reliquerunt, fratrem necavit, corpus in multas partes divisit, membra in mare iactavit. Rex diu pueri infelicis membra colligebat: itaque Iason et Medea incolumes ad Graeciam navigaverunt.

SECTION XVII

Grammar: **Present, Future, Imperfect and Perfect Indicative Passive of** ***audio.*** **#45.**

33

The Fate of M. Manlius

M. Manlius, quod Capitolium e periculo servaverat, Capitolinus a civibus vocatus est. Postea pauperum causam contra patricios defendit. Statim patricii Manlium, sicut antea Sp. Cassium et Sp. Maelium, accusaverunt. 'Regnum,' clamabant, 'appetit.' Itaque Cornēlii Cossi iussu vinctus est et in carcerem ductus. Tum plebeii sordidati in vias publicas veniebant, prope arma pro vindice sumebant: patricii propter timorem liberaverunt. Statim Manlii audacia augebatur: aperte iam plebeios ad vim et arma vocavit. Tum etiam a tribunis plebis accusatus est. Frustra Manlius pectus nudavit, vulnera ostendit, a dis immortalibus auxilium petivit: hominis infelicis verba sine misericordia audiebantur. A iudicibus damnatus est et morti inhonestae traditus. Nam de saxo Tarpeio, ubi Capitolium servaverat, a tribunis plebis demissus est. Nemo postea e Manlia gente Marcus vocatus est.

34

The First Aeronauts

Daedălus artifex erat per omnem Graeciam notus. Templa aedificavit, deum imagines miras et pulchras fingebat. Tum, quod sororis filium necaverat, a iudicibus damnatus est et ad Cretam insulam discessit. Diu cum Īcăro filio captivus in insula tenebatur. Tandem alas finxit. ‘Mari undique,’ inquit, ‘velut carcere impedimur: naves non habemus: arte tamen via aperietur. Si patris consilio parebis, per aera salutem petes.’ Tum alas ad humeros cera deligavit. Statim Icarus in aera ascendit: mox, quoniam prope solem volabat, cera liquescebat, puer infelix in mare cecidit et poenas audaciae morte persolvit. Daedalus autem incolumis in Italiam volavit ubi templum aedificavit alasque Apollini dedicavit.

SECTION XVIII

Grammar: **Pluperfect and Future Perfect Indicative Passive of** ***audio.*** **#45.**

Nouns of 5th Declension. #7.

35

THE LICINIAN LAWS (B.C. 368)

Quamquam multa pauperibus civibus concessa erant, nondum tamen finitum erat inter patricios plebeiosque certamen. Leges identidem a tribunis plebis Licinio et Sextio rogabantur, per patriciorum auctoritatem antiquabantur. Per multos annos multis de rebus civitas dissensione perturbabatur. Tandem Camillus dictator rempublicam iterum servavit. 'Frustra iam,' inquit, 'tribunorum postulationibus resistimus: multa patricii concedemus; consulum alter e plebeiis semper creabitur; agri publici nemo amplius quingenta iugera possidebit: contra res una concedetur a plebeiis; ius a praetore administrabitur, praetor e patriciis creabitur. Tum denique finita erit dissensio et pax reipublicae reddetur.' Placuit omnibus Camilli consilium: postea nullae erant inter patricios et plebeios dissensiones: dictator templum Concordiae dedicavit.

36

A Family Curse

Dei Oenŏmaum regem per oraculum sic monuerant: 'A genero necaberis.' Itaque Oenomaus 'Nemo,' inquit, 'filiam in matrimonium ducet.' Multi tamen pulchram filiam, Hippodamīam, amabant, multi petebant. 'Filiam in matrimonium non duces,' respondit omnibus, 'nisi patrem in currus certamine viceris: si victus eris, morte poenas audaciae persolves.' Multi ad certamen veniebant, multi a rege superabantur. Tandem Pelops Myrtĭlum, regis aurigam, promissis conciliavit. 'Dimidium regni dabo,' inquit, 'si in certamine adiuveris.' Tum Myrtilus regii currus axem discidit: itaque rex e curru cecidit, Pelops victor cum Hippodamia ad patriam revertit. Sed quamquam a Myrtilo via ad victoriam inventa erat, promissum Pelops non praestitit. Nam ubi currum prope mare agebat, aurigam in aquam demisit. Myrtilus autem, 'A dis immortalibus,' clamavit, 'auxilium peto: rem tam fœdam di non neglegent: per omnes annos Pelopis perfidiae pœnas Pelopidae persolvent.'

SECTION XIX

Grammar: **Indicative of** ***sum.*** **#48.**

37

M. Vălĕrius Corvus (349 B.C.)

Consul Romanus copias contra Gallos duxerat et castra in loco idoneo posuerat. Tum Gallus, vir propter corporis magnitudinem et pulchra arma insignis, ad nostrorum stationes venit: scutum hasta ferit, unum e Romanis ad certamen provocat. Erat tum in exercitu Romano tribunus militum, iuvenis postea propter multas victorias notus, nomine M. Valerius. 'Nisi consuli,' inquit, 'ingratum fuerit, solus contra hominem insolentem pugnabo.' Datur a consule venia: Valerius ad certamen armatus processit. Vix iam manum conseruerant, ubi corvus repente in galea Valerii consedit et identidem os oculosque hostis rostro appetivit. Itaque mox Romanus barbarum superat. Tum nec Galli in stationibus manebant et Romani ad victorem cucurrerunt. Non iam solum stationum milites sed legiones utrimque pugnae interfuerunt. Diu et acriter pugnabant: tandem Romani barbaros vicerunt et ad maris oram fugaverunt.

38

The Spirit of Ancient Rome

Romani cum Lătīnis bellum gerebant. Dei consules per somnium sic monuerant: 'Si exercitus vicerit, occidetur imperator: si imperator superfuerit, vincetur exercitus.' Utrimque ad pugnam prope Vĕsŭvium montem processerunt: T.[1] Manlius Torquātus dextro, P.[1] Dĕcius Mus sinistro cornu praeerat: mox hostes sinistrum cornu acri impetu oppugnaverunt; nostri paulatim loco cedebant. Tum Decius, 'Pro republica Romana,' inquit, 'pro populi Romani exercitu, legionibus, sociis, Decii vitam cum legionibus sociisque hostium dis Manibus devoveo.' Tum armatus in equum insiluit, solus in Latinorum aciem invasit, ingentem numerum hostium occidit, tandem mortem oppetivit. Movit viri intrepidi exemplum reliquorum animos: statim pugnam redintegraverunt, simul dextro cornu Manlius novas copias contra fessum hostem duxit. Ubique Romani vicerunt: Latinorum pauci pugnae superfuerunt.

[1] See p. 107.

SECTION XX

Grammar: **Regular Comparison of Adjectives. #15**

39

The Caudine Forks (321 B.C.)

Est in Italia locus propter cladem Romanam notissimus. Exercitus Romanus, ubi cum Samnītibus bellum gerebat, per saltum angustum in campum intravit: campo utrimque montes altissimi impendebant: mox ad alterum saltum etiam angustiorem venerunt. Interea hostes utrimque saltus arboribus saepserant exercitumque Romanum velut in carcere tenebant. Frustra aliam viam petebant nostri: tandem arma hostibus tradiderunt. Tum C. Pontius, Samnitium imperator, ad patrem, virum sapientissimum, nuntios misit consiliumque petivit. 'Si patris consilio parebis,' respondit senex, 'Romanos omnes aut incolumes liberabis aut occides.' Filius tamen patris consilium neglexit: Romanos sub iugum misit, tum liberavit. Antea tamen C. Pontii iussu Romani pacem et amicitiam cum Samnitibus iureiurando confirmaverunt et obsides dederunt. 'Non sic,' pater filium monuit, 'aut amicos conciliabis aut hostes delebis.'

40

A Roman Father

T. Manlius Torquatus consul exercitum Romanum ad disciplinam severissimam instituit. 'Nemo' (sic militibus edixerat) 'solus extra ordines cum hostibus pugnabit.' Praeerat tum hostium equitibus vir propter virtutem notissimus Gĕmĭnus Mettius Manlii filium Mettius ad certamen provocavit. Movit iuvenis animum intrepidum vel ira vel pudor: patris iussa neglexit hostemque superavit et occidit. Tum corpus Mettii spoliavit, spolia magno cum gaudio ad patrem portavit. Pater autem 'Quoniam, T. Manli,' inquit, 'nec consulis imperium nec patris auctoritatem times contraque imperatoris iussa extra ordines solus hodie cum hoste pugnavisti militaremque disciplinam neglexisti, poenas audaciae morte persolves Triste exemplum erimus, sed reliquis iuvenibus utile.' Statim patris iussu filius ad supplicium ducitur.

SECTION XXI

Grammar: **Comparison of Adjectives in *-ilis*, and Irregular Comparison.**

#16, #17, #18.

41

A Pyrrhic Victory (280 B.C.)

Tărenti incolae, ubi bellum cum Romanis gerebant, auxilium a Pyrrho, Ēpīri rege, petierunt. Pyrrhus cum maximo exercitu Graecorum ad Italiam venit et cum Romanis prope Hēraclēam pugnavit. Tum primum in proelium contra Romanos elephanti ducti sunt. Romani partim propter animalium ingentium timorem, partim propter optimam disciplinam Graecorum victi sunt. Plurimi tamen utrimque ceciderunt. Pyrrhus, ubi tot mortuorum corpora vidit, 'Si eiusmodi victoriam iterum reportavero,' clamavit, 'solus ad Epirum navigabo.' Utilissima fuit Pyrrho Cĭneae legati sapientia, nam plura oppida per eloquentiam conciliavit Cineas quam rex bello superavit: frustra tamen cum Romanis in urbe de pace disseruit: 'Numquam cum hostibus, dum in Italia sunt,' Appius Claudius senator respondit, 'de pace Romani disserunt.' Cineas, ubi ad Pyrrhum revertit, 'Romanorum,' inquit, 'urbs deorum templum, senatus deorum concilium est.' Tandem Pyrrhus prope Beneventum victus est; postea ad Graeciam revertit.

42

The Judgment of Paris

Dei olim, quod Pēleus Thetin deam in matrimonium ducebat, magnum convivium celebrabant. Di deaeque omnes ad cenam vocantur, praeter Discordiam: itaque irata dea pomum in mediam turbam iactavit; in pomo inscripta erant verba 'Pulcherrimae deae munus pomum mittitur.' Statim maxima fuit inter Iunonem, Minervam, Venerem rixa: res Paridis arbitrio mandata est. Paris, regis Troiani Priami filius, oves tum in monte Idaeo pascebat. Ad montem veniunt deae: pueri animum promissis conciliant. Iuno magnas divitias, Minerva belli famam, Venus pulcherrimam omnium uxorem promittit. Veneri dat Paris pomum: Veneris auxilio ad Graeciam navigavit, mox cum Hĕlĕna, regis Menelai uxore, omnium tum feminarum pulcherrima, ad patriam revertit. Tum Menelaus cum Agamemnone fratre plurimas naves paravit, ad Asiam navigavit, urbem Troiam obsidebat decemque post annos expugnavit.

SECTION XXII

Grammar: **Pronouns: 1st and 2nd Persons;**

3rd Person, ***is, ea, id.*** **#30, #36**

1st Person, ***meus, noster;*** **2nd Person,** ***tuus, vester;***

3rd Person, ***suus*** **(Reflexive only). #32.**

43

Chivalry in War

Romanis, ubi cum Pyrrho bellum gerebant, praeerat Fabricius. Multa in historia de Fabricio, multa de Pyrrho narrantur. Olim transfuga e Graecorum exercitu ad castra Romana venit: statim ad imperatorem ductus est. 'Via ad victoriam facillima Romanis aperitur,' inquit; 'si pecuniam mihi dabis, castra petam, regem veneno necabo.' Respondit Fabricius, 'Ingratior erit nobis eiusmodi victoria quam miserrima clades: virtute, non perfidia, hostes vincimus.' Tum imperatoris iussu eum ad Graecorum castra milites reducunt totamque rem Pyrrho narrant. Movit regis animum Fabricii liberalitas: statim omnes captivos Romanis sine pretio reddidit. Contra Romani legatos ad Pyrrhum miserunt. 'De pace,' inquiunt, 'Romani cum hostibus, dum in Italia sunt, non disserunt: tibi tamen, viro omnium generosissimo, libenter concedimus indutias.'

44

Ancient Robbers

Theseus, praeter alia facta insignissima, maximam sibi famam comparavit quod latrones propter crudelitatem notos Procrustem, Scirōnem, Sĭnōnem occiderat.

Procrustes, si forte advenam vi superaverat, eum non solum spoliabat sed ad lectum deligabat: tum si hominis infelicis corpus brevius erat quam lectus, membra eius ad idoneam longitudinem tendebat; contra si brevior lectus erat quam corpus, pedes vel partem membrorum gladio abscidebat.

Sciron in saxo altissimo sedebat. Eius iussu viatores pedes latronis lavabant; dum lavant, Sciron ictu pedis in mare demittebat.

Sinon verticem arboris ad terram flectebat: captivi caput ad verticem, pedes ad truncum deligabat: tum repente verticem remittebat.

SECTION XXIII

Grammar: hic **and** *ille.*

#33, #34.

45

THE FIRST PUNIC WAR (264-241 B.C.)

Ty̆rii olim in Afrĭca haud procul ab Hispania coloniam collocaverant magnamque urbem, Carthaginem nomine, aedificaverant: huius urbis incolae Poeni vocabantur. Hi per mercaturam magnas divitias comparaverunt finitimosque populos imperio suo adiunxerunt: urbem ingentibus muris muniverant templisque pulcherrimis ornaverant. Multa in historia de illius gentis crudelitate narrantur: duces, si in bello victi erant, sine misericordia occidebant; infantes suos dis immolabant. Omnium iam populorum Romani et Poeni potentissimi erant: inter aemulas gentes causa belli mox invenitur.

In Sicilia Hiĕro, rex Syracusarum, Māmertīnos obsidebat: Romani ad Mamertinos, Poeni ad Hieronem auxilium miserunt. Tum Hiero pacem amicitiamque cum Romanis confirmavit, Poeni soli cum Romanis bellum gerebant oramque Italiae navibus vastabant.

46

An Ancient Sorceress

Ulixes cum comitibus olim ad insulam Aeaeam navigavit: habitabat in ea insula Circe, dea propter artem magicam notissima. Ulixes primo in ora manebat, comitum nonnullos in interiorem partem insulae misit. Ex his Eurȳlŏchus solus ad ducem revertit. 'Magnum nos periculum manet in hac insula,' inquit; 'vix a te discesseramus ubi magnam domum in media silva vidimus: prope portas errabant multa animalia, neque tamen nos oppugnabant. Tum domo excessit femina, vel dea, pulcherrima: verbis nos dulcibus compellavit et cibum dedit: tum comites meos repente virga ferit et in sues vertit. Ego solus domum non intraveram, solus ad te reverti.' Tum Ulixes ad locum statim properavit: occurrit in itinere Mercurius. 'Frustra tu,' inquit, 'homo contra deam pugnabis: meo tamen auxilio incolumis eris.' Tum herbam magicam dedit et multa monebat. Itaque non solum sibi sed comitibus salutem comparavit: nam Circe frustra contra Ulixem artes exercuit et comitibus formam humanam reddidit.

SECTION XXIV

Grammar: ipse **and** *idem.*

#37, #38.

47

The First Roman Naval Victory (261 B.C.)

Romani terra, Poeni mari omnium tum populorum potentissimi erant. Itaque in hoc bello Romani maxima difficultate tenebantur quod Poeni plurimas naves, ipsi nullas omnino habebant. Hac de re mira fabula in historia narratur. Una e navibus Punicis in oram Italiae vento repulsa erat: statim Romani aliam navem eiusdem formae, mox alias naves aedificabant: tandem magnam classem habebant. Tum mari quoque cum Poenis bellum gesserunt: C. Duilius maximam sibi famam comparavit quod primus omnium ducum Romanorum victoriam mari prope Mȳlas reportavit. Navium captarum rostris forum ornaverunt: haec rostra Columnam Rostratam vocabant. Duilio ipsi maximus honor a civibus datus est. Nam quotiens noctu ad suum domicilium commeabat tibicines eum cum taedis deducebant.

48

Orpheus

Omnium olim poetarum notissimus erat Orpheus: multae de illo fabulae narrantur. Quotiens cithara ludebat, post se non solum animalia sed etiam arbores et saxa trahebat. Eiusdem citharae dulci sono Argonautae navem in mare deduxerunt, et draco, aurei velleris custos, sopitus est. Uxorem ille Eurȳdĭcen ante omnia amabat: haec ubi vita excessit, et ipse ad Manes descendit uxoremque a Plutone petivit. Respondit deus, ‘Uxorem post te ad terram duces, in terra iterum faciem eius spectabis: tu primus ascendes: si semel oculos retro verteris, uxor tua ad Manes descendet nec iterum ascendet.’ Maximo tum gaudio discesserunt; prope iam ad terram venerant ubi poeta propter ingentem amorem oculos retro vertit: statim Eurydice ad Manes revertit. Postea semper Orpheus propter dolorem alias feminas contemnebat: illae iratae hominis infelicis corpus dilaniaverunt, caput in Hebrum fluvium demiserunt.

SECTION XXV

Grammar: **Relative Pronouns. #39**

49

The Romans Invade Africa (256 B.C.)

Romanorum iam animi victoria confirmati erant. 'Non solum nos contra Pœnos defendemus,' clamabant; 'ipsi ultro in Africa bellum geremus.' Itaque classem Punicam iterum superaverunt, mox ingentem exercitum in hostium agro exposuerunt. Pœni primo desperabant: erat autem inter milites mercenarios, quorum auxilio bella gerebant, vir quidam Lacedaemonius, Xanthippus nomine, militiae peritissimus. Is copias Punicas ad summam disciplinam instituit, locum idoneum delegit, Romanos in magno proelio superavit. Rēgŭlus, qui exercitui Romano praefuit, cum plurimis aliis in hostium manus venit. Hic postea ad urbem legatus missus est, Poenorum tamen iussis non paruit. 'Si sapientes estis, cives Romani,' inquit, 'captivos non mutabitis nec pecunia redimetis eos qui hostibus se tradiderunt. Ipse senex sum nec iam reipublicae utilis: Poenorum duces, quos habetis captivos, arma iterum, si liberabitis, contra vos sument.' Tum ad Poenos, quod sic promiserat, revertit, quamquam illius gentis crudelitatem haud ignorabat. Tristis de viro intrepido fabula postea narrabatur; nam Poeni crudelissimis eum suppliciis occiderunt.

50

A Faithless King

Urbs Troia, quam per tot annos Graeci obsidebant, a dis Neptuno et Apolline aedificata est. His rex urbis magna munera promisit, promissum tamen non praestitit. Iratus tum Neptunus monstrum horrendum ad terram misit, quod agros diu vastabat: Troiani quotannis oraculi iussu puellam immolabant. Has hostias populus sorte deligebat: tandem regis ipsius filiam deligebant. Magno tum dolore Laomedon movebatur: forte tamen Hercules nuper eo venerat. 'Iuppiter olim,' inquit, 'equum tibi dedit: hunc si tu equum mihi dederis, filiam tuam e morte servabo.' Quod petierat, rex promisit. Tum Hercules monstrum occidit filiamque patri reddidit: ille autem iterum promissum non praestitit. Itaque Hercules magnam classem paravit, magnum exercitum collegit. Tum urbem obsedit tandemque expugnavit: regem ipsum cum filiis omnibus praeter Priamum occidit.

SECTION XXVI

Grammar: **Cardinal Numerals. #28, #29.**

51

End of the First Punic War (241 b.c.)

Magnam victoriam in illo bello Romani a Poenis prope Pănormum reportaverunt. Hoc proelium ob eam rem insigne est, quod Romani elephantos, quos antea semper timuerant, reppulerunt. Tum urbem Lilybaeum, quam Pyrrhus olim frustra oppugnaverat, classe per decem annos obsidebant.

Erant semper cum exercitu Romano in omnibus bellis haruspices qui pullos dis sacros custodiebant: qui pulli si cibum non edebant, ira deorum ostendebatur. Olim P.[1] Claudius, qui nuper ad classem imperator venerat, impetum in hostium classem parabat. Monebant eum haruspices, 'Hodie pulli cibum non edunt.' 'Bibent tamen,' respondit iratus imperator, manuque pullos in mare demisit. Tum classem oppugnavit: di autem hominis insolentis superbiam puniverunt: ipse enim superatus est naviumque maximam partem amisit: nec multo postea naves longae centum et viginti, onerariae octingentae deletae sunt.

Tandem autem Romani in magno proelio prope Aegātes insulas Poenos vicerunt. Tum denique pax inter duos populos confirmatur: Poeni Siciliam Romanis tradunt, captivos sine pretio reddunt, amplius tria milia talentum persolvunt.

[1] See p. 107.

52

The Gorgon's Head

Erant olim tres sorores Gorgŏnes, e quibus una, Mĕdūsa nomine, pulchra puella fuerat: quoniam autem Minervae displicuerat, crines eius a dea in serpentes versi sunt. Postea omnes qui Medusae caput spectaverant in lapidem vertebantur. Perseus tamen deorum auxilio eam occidit. Nam speculum ei Minerva, Mercurius falcem dedit. Itaque Medusam, dum dormit, per speculum spectat, caput falce abscindit et in sacco avehit.

Erat tum pulchra puella, regis Aethiopum filia, Andrŏmĕda nomine, cuius mater deorum iram moverat quod filiae pulchritudinem nimis laudaverat. Itaque Neptunus monstrum ingens in terram misit: incolae oraculo sic monebantur: 'Periculo liberabimini si monstro Andromedam tradetis.' Itaque puella ad saxum deligata est. Ibi eam invenit Perseus, qui draconem Medusae capite in lapidem vertit puellamque liberavit. Tum Andromedam in matrimonium duxit caputque Medusae dedit Minervae quae in medio scuto posuit.

SECTION XXVII

Grammar: **Ordinal Numbers 1-20. #28.**

53

Hannibal (born 246 b.c.)

Poeni post hanc cladem magnis difficultatibus tenebantur, nam multae gentes, quas antea rexerant, ab imperio Punico iam desciscebant. Has bello longo et crudeli Hamilcar, qui Poenorum copiis praefuit, superavit. Movebat semper viri fortissimi animum cladis, quam nuper patria sustinuerat, memoria : mox bellum contra Hispanos paravit. Olim dis hostiam immolabat : aderat filius eius Hannibal, puer tum novem annos natus, qui multis cum lacrimis patrem imploravit. 'Si me amas, pater,' clamavit, 'me quoque cum exercitu ad bellum duces.' Tum patris iussu puer manum in ara posuit et his verbis iureiurando se obligavit : 'Semper ego Romanis hostis ero, semper cum illa gente bellum geram.' Nono illius belli anno Hamilcar in proelio cecidit : Hannibal autem patris verba semper memoria tenebat nec multo post socios Romanorum Saguntinos oppugnavit.

54

How to Evade Destiny

My̆cĕrīni, regis Aegyptii, pater Cheops deos neglexerat, crudeliter imperium administraverat, multos tamen annos rexerat: ipsum autem Mycerinum omnes propter humanitatem amabant. Tum dei eum per oraculum his verbis monuerunt: 'Sex annos in hac terra regnabis: septimo anno vita excedes.' Rex iratus ad oraculum nuntios misit, iniquos deos multis verbis accusavit. Responderunt illi, 'Ob eam ipsam rem vita tibi tam brevis conceditur: quod deis placuerat, id tu neglexisti. Poena in Aegyptios per centum et quinquaginta annos a dis constituta erat: id pater tuus et patruus intellexerunt, tu non intellexisti.' Quod ubi audivit, Mycerinus per reliquam vitam voluptati se tradidit: die per silvas et loca iucundissima errabat; per totam noctem regiam taedis illuminabat et convivia cum comitibus celebrabat. 'Sic enim,' inquit, 'annos non sex, sed duodecim vivam.'

SECTION XXVIII

Grammar: **Imperative Active of Regular Verbs and of *sum*. #45, #48.**

55

The Fall of Saguntum (218 B.C.)

Saguntini, qui urbem muris et turribus muniverant, octo menses Poenorum impetum sustinebant: frustra a Romanis auxilium, ab Hannibale pacem petiverunt. Tandem primi civitatis aurum argentumque omne in forum colligunt, in ignem iactant, ipsi in flammas saltant: reliquorum plurimi cum uxoribus liberisque domos super se ipsos incendunt. Interea, quoniam muri custodibus nudati erant, hostes urbem intraverunt.

Tum Q. Fabius cum aliis legatis Roma Carthaginem missus est. 'Nisi publico consilio,' inquit, 'socios nostros oppugnavistis et ducis vestri factum ipsi probatis, Hannibalem Romanis tradite.' Ad quae ubi multa et insolentia responderunt Poeni, togae sinum manu tenuit, tum 'Hic,' inquit, 'bellum et pacem portamus: utrum placet, sumite.' Illi, non minore cum superbia, 'Utrum placet, da' clamaverunt. 'Bellum do,' respondit legatus. Illi 'Sic esto: bellum eodem nos animo, quo sumpsimus, geremus.'

56

A TRAGIC END

Omnium olim athletarum notissimus fuit Mĭlo, qui identidem in ludis aemulos superabat. A civibus suis in magno honore habebatur etiamque populi exercitui in bello praefuit. Fabulae multae et mirae de Milone traduntur, nam propter ingentes vires maximam sibi famam comparavit. Olim iuvencam quattuor annos natam in humeris per stadium portavit : eandem postea iuvencam uno die edit. Senex tandem infirmo iam corpore aliquando per silvam errabat, ubi arborem quandam vidit quae rimis media parte hiabat. Tum ille manus in rimas immisit truncumque discindebat : et mediam quidem partem discidit, tum infirmas iam manus remisit. Statim arbor ad naturam revertit. Itaque, quoniam manus eius trunco tenebantur, in loco mansit et a leonibus voratus est.

SECTION XXIX

Grammar: **Comparison of Adverbs.**

#23, #24, #25, #26, #27.

Imperative Passive of Regular Verbs. #45.

57

Crossing The Alps (218 B.C.)

Cum quinquaginta milibus peditum, equitum novem milibus, magnoque numero elephantorum Hannibal ex Hispania excessit: mira celeritate trans montes Pȳrēnaeos per Galliam contendit: tum ingentibus cum copiis, quarum dimidium in itinere amisit, Alpes superavit, qua re nihil magis memorabile ab ullo imperatore gestum est. Magnis ille difficultatibus impediebatur, nam flumina nive et imbribus aucta erant, simul a barbaris, qui saxa ingentia in agmen demiserunt, oppugnabatur. Tandem decimo die ad summos montes venerunt, unde campos Italiae oculis spectabant. Eo tamen vel difficilius descendebant quam nuper ascenderant: nam in nive nec homines nec animalia vestigia firme ponebant: aliquando (sic enim in historia traditur), quod saxa iter impediebant, arbores incenderunt, mox, ubi saxa ardebant, acetum infuderunt: statim liquescebant saxa et via tandem aperiebatur. Octavo die ei qui supererant in campos Italiae descenderunt.

58

The Jealousy of a Goddess

Ărachne arte lanifica aliis omnibus praestabat, quam ob causam magnam ubique famam comparavit et multae undique puellae domum eius veniebant telasque quas texuerat spectabant. His rebus animus ad superbiam movebatur: 'Telas,' clamat, 'peritius quam Minerva ipsa texo: deam etiam ad certamen provoco.' Haud multo postea anus infirmo corpore ad eam venit. 'Multi,' inquit, 'deos ad certamen provocaverunt: omnes poenas audaciae persolverunt: horum tu exemplo monere.' Illa tamen consilium contempsit; iterum provocat. Tum repente res mira oculis ostenditur: non iam anus infirma, sed dea ipsa adest. 'Minervam,' inquit, 'ad certamen provocavisti: venit.' Statim ad rem se applicant. Texit Arachne telam pulcherrimam, in qua deorum imagines fingebat. Operis pulchritudine etiam Minervae animus movetur: tum irata propter invidiam manu discidit. Tantam iniuriam Arachne non sustinuit: multis cum lacrimis mortem sibi laqueo parabat: dea autem puellam in araneae formam vertit.

SECTION XXX

Grammar: **Infinitive Active of Regular Verbs and of *sum*. #45, #48.**

59

Hannibal's Victories (218-217 B.C.)

Interea P. Cornelius Scipio cum exercitu Romano Poenorum adventum exspectabat: inter equites utrimque prope Tīcīnum flumen pugnatum est, quo in proelio Romani loco cedere cogebantur, imperator ipse graviter vulneratus est. Mox T.[1] Semprōnius cum altero exercitu advenit: is, dum incautius hostium equites trans Trĕbiam fluvium fugat, repente maioribus copiis occurrit, simul ab aliis quos Hannibal cum Măgōne fratre in insidiis collocaverat oppugnatur. Iterum Romani vincuntur. Proximo autem anno vel maiorem cladem sustinuerunt.

Est prope Cortōnam via angusta inter montes altissimos et lacum Trăsŭmĕnum, per quam C. Flāmĭnius Nĕpos, vir audacissimus, cui turpe fuit tarde et caute rem gerere, exercitum duxit. Hannibal autem iam antea pedites expeditos in montibus, equites ad fauces saltus collocaverat; ipse cum reliquo exercitu ad alterum exitum manebat. Romani, ubi saltum intraverunt, statim undique oppugnabantur: tres horas acriter ubique, circum consulem autem acrius pugnatum est, quem armis insignem hostes petebant, defendebant cives. Tandem ab equite quodam Gallico occisus est. Reliqui statim fuga salutem petere coeperunt.

[1] See p. 107.

60

The Labours of Hercules

Inter deos antiquos nemo magis hodie notus est quam Iovis filius Hercules, de quo fabulae multae et mirae traditae sunt. Vi corporis et hominibus et deis omnibus praestabat. Paucos iam menses natus, dum in cunis iacet, in maximum periculum venit: nam Iuno, quae semper ei inimicissima erat, duos serpentes contra eum misit: suis autem manibus deus infans fauces eorum elisit. Postea, quod Iuno mentem eius alienaverat, suos ipse liberos occidit. Magno tum dolore ultro in exsilium discessit: mox ad Apollinis oraculum venit ibique auxilium a deo petivit. Ab eo iussus est regi cuidam Eurystheo duodecim annos parere: 'Tum denique,' inquit deus, 'immortalis eris.' Ab hoc rege Iunonis iussu coactus est Hercules duodecim labores peragere.

SECTION XXXI

Grammar: **Infinitive Passive of Regular Verbs. #45.**

61

Cannae (216 B.C.)

Maximam autem omnium cladem in illo bello prope Cannas Romani sustinuerunt, quod oppidum Hannibal cum copiis occupaverat. Hostium equites nostros primum dextro cornu, mox sinistro cornu vicerunt: interea Romani mediam aciem Poenorum repellebant: tum repente ab utroque latere pedites, a tergo equites oppugnaverunt. Romanorum non amplius decem milia superfuerunt. 'Si iam ad urbem, Hannibal, me cum equitibus miseris,' clamavit Maharbal, dux equitum Poenorum, 'quinto die in Capitolio cenabis.' Ille autem viri sapientis consilium neglexit: Capuam exercitum duxit, ubi milites multos dies voluptati se tradiderunt. Hac mora videtur urbs servata esse.

Romae, ubi tristis clades nuntiata est, omnium animi maximo timore movebantur: credebatur primo totus exercitus deletus esse, tota Italia ab Hannibalis copiis teneri. Urbem tamen contra hostium impetum muniebant, pueros servosque ad arma vocabant. Terentius, cuius propter audaciam tantam cladem sustinuerant, a senatu laudatus est quod de republica non desperaverat.

62

The Labours of Hercules (*continued*)

In valle quadam, Nĕmea nomine, habitabat illo tempore ingens leo quem maxime eius terrae incolae timebant. Hunc Hercules occidere et ad regem portare iussus est. Diu frustra cum monstro clava et sagittis pugnabat: tandem fauces eius suis manibus elisit. Tum mortuum leonem in humeris ad regiam reportavit. Quem ubi vidit rex ipse dicitur viri fortissimi viribus territus esse Herculemque iussisse exinde extra oppidi muros victorias nuntiare.

Postea taurum ingentem, qui Cretae agros vastabat, occidere iussus est. Hoc quoque opus dicitur peregisse vivumque animal in humeris domum reportavisse, mox liberavisse.

SECTION XXXII

Grammar: **Active Participles of Regular Verbs. #45.**

63

Rome's Recovery (215-207 B.C.)

Proximo anno consul creatus est Q. Fabius Maximus, qui dictator antea tarde et caute rem gesserat proeliumque cum hostibus quam maxime vitaverat, quam ob rem Cunctator vocabatur. Eiusmodi tamen consilia maiori parti civium minime placebant: itaque per M. Terentii Varronis audaciam clademque quam exercitus Cannis sustinuit tota civitas prope deleta erat. Exinde autem spem omnem salutis in Q. Fabio posuerunt. Saepissime pugnabatur, numquam tamen cum totis copiis hostium: Hannibal, quod multarum urbium cives a Romanis desciverant et Poenis se tradiderant has omnes defendere copiasque in plurimas partes dividere cogebatur. Tandem frater eius, Hasdrubal, qui cum altero exercitu in Italiam venerat, ad Mĕtaurum flumen victus est: diu ille suos pugnantes exemplo confirmat, loco cedentes in proelium revocat, tandem fortissime pugnans cecidit.

64

The Labours of Hercules (*continued*)

Erat olim monstrum horrendum, Hydra nomine, quod in palude prope lacum Lernaeum habitabat agrosque finitimos vastabat. Huic novem erant capita quorum medium immortale fuit. Hercules, qui ab Eurystheo monstrum occidere iussus erat, ingenti clava oppugnavit: quotiens autem unum caput absciderat, statim duo capita eodem loco crescebant: etiam pugnanti ingens subvenit cancer, a quo Hercules vulneratus est. Erat autem Herculi minister quidam fidus, Iŏlāus nomine, cuius auxilio reliqua capita incendit, medium illud, quod immortale esse dicebatur, sub magno saxo sepelivit. Tum sanguine eius sagittas cruentavit, cuius veneno omnes postea, qui Herculis sagittis vulnerati erant, necabantur.

SECTION XXXIII

Grammar: **Passive Participles of Regular Verbs. #45.**

65

Zama (202 B.C.)

Exinde bellum in Africa gerebatur, quo Hannibal a civibus suis ex Italia revocatus est. Ibi a Scipione prope Zāmam victus est: Poeni Romanis Hispaniam coloniasque omnes quas extra Africam possidebant cum navibus longis praeter decem tradere, decem milia talentum quinquaginta annis persolvere coacti sunt. Hannibal tamen, non minus quam antea odio Romanorum motus, bellum redintegrare summis viribus parabat: ab inimicis tamen Carthagine excedere coactus ad Antiŏchum, Sȳriae regem, qui tum bellum cum Romanis gesturus erat, discessit. Postea apud Bĭthȳniae regem multos annos exsulabat: tum, quod rex a Romanis eum tradere iussus erat, venenum, quod in anulo semper portare solebat, sumpsit vitaque, sexaginta iam annos natus, excessit.

66

The Labours of Hercules (*continued*)

Nympha quaedam Dianae, quod illius auxilio e magno periculo servata erat, cervum, qui aurea cornua pedesque aeneos habebat, dedicaverat. Hunc Hercules vivum Mycenas portare iussus per totum annum frustra petebat: tandem sagitta vulneratum in humeris portanti repente occurrit Diana quae magna est ira permota quod animal ipsi sacrum ille vulneraverat. Hercules tamen deae iram permulsit praedamque Mycenas avexit.

Erant prope lacum Stymphālum mirae quaedam aves quae alas et rostra aenea habebant carnemque humanam vorabant. Has quoque expellere iussus primum sistro, quod ei Minerva dederat, terruit, tum per aera volantes sagittis occidit. Qua tamen de re non eadem ab omnibus narrantur: nam, ut alii tradiderunt, aves ad insulam quandam pepulit, ubi postea ab Argonautis inventae sunt.

SECTION XXXIV

Grammar: **Subjunctive Active of Regular Verbs (1st and 2nd Conjugations) and** *sum.*

#45, #48.

67

Rome and Greece (200-146 B.C.)

Vix iam Romani Poenos superaverant, ubi Măcĕdŏniis bellum indixerunt. Huius gentis rex Phĭlippus in Thessălia prope colles qui Cȳnoscĕphalae vocabantur castra posuerat: ibi gaudio permotus, cum parvam manum Romanorum fugavisset, contra totum exercitum processit. Tum a Flaminino, qui nostris praeerat, victus terras omnes quas extra Macedoniam regebat tradere coactus est. Nec multo postea Antiochus, qui socius fuerat Philippi nec tamen in bello ei subvenerat, cum auxilium ab eo plurimae in Graecia civitates imploravissent, arma contra Romanos sumpsit. Is quoque, primum Thermŏpȳlis, mox Magnēsiae superatus magnum numerum navium longarum tradere decemque milia talentum persolvere cogitur. Viginti post annis iterum cum Macedoniis pugnatum est: quo in bello L. Aemĭlius Paulus a rege Perseo magnam victoriam reportavit. Tandem omnis Graecia in Romanorum potestatem venit.

68

The Labours of Hercules (*continued*)

Ingens olim aper a monte Ĕry̆mantho in campos descenderat. Hunc, cum agros ubique vastaret, vivum ad regem portare iussus Hercules per altam nivem diu petebat : tum labore fessum rete impedivit Mycenasque avexit. Aprum dum petit, Centauro Phŏlo occurrit, cui Bacchus olim cadum optimi vini dederat. Hunc cadum Hercules aperuit : tum reliqui Centauri, vini odore dulcissimo ducti, speluncam in qua Pholus habitabat obsederunt : ab Hercule pulsi Chīrōnis domum fuga petiverunt. Quos ille cum fugaret incaute amicum suum Chironem sagitta venenata vulneravit : Pholus quoque sagitta, quae in pedem eius forte ceciderat, vulneratus est.

Chiron, cum immortalis esset, sagitta non necatus erat : ultro tamen vita excessit.

SECTION XXXV

Grammar: **Subjunctive Active of Regular Verbs (3rd and 4th Conjugations). #45.**

69

The End of Carthage (146 B.C.)

Eodem anno, quo omnis Graecia in potestatem Romanorum venit, Carthago quoque deleta est. Poeni, cum iam per mercaturam divitias augerent et ex clade illa quam sustinuerant se colligere coepissent, Romanorum invidiam moverunt. Qui saepissime a M. Porcio Cătōne moniti tandem bellum indixerunt. Poeni statim ultro se suaque omnia Romanis tradiderunt: primum obsides, mox arma et naves postulantibus libenter dederunt. Cum autem victor superbus urbem delere iussisset triginta dierum indutias petierunt summisque viribus bellum parabant. Maxima est pertinacia utrimque pugnatum. Tandem Poeni magna clade superati, urbs ipsa omnino deleta est.

Sic urbs Roma, cum reliquas Italiae gentes, mox populos finitimos bello superavisset, in magnum iam imperium creverat.

70

The Labours of Hercules *(continued)*

Rex quidam, Diŏmēdes nomine, equas suas carne humana pascebat. Has Mycenas portare iussus Hercules cum paucis comitibus ad oram duxit. Quo cum cives regis venissent, diu et acriter pugnatum est. Equas, dum proelio interest, Hercules amico suo Abdēro mandat, quem illae statim vorant. Hercules, cum hostes vicisset, regem occidit corpusque equis iactavit: tum urbem in eo loco condidit, quam urbem Abdēra vocavit. Equas, quae cum domini carnem edissent mansueverant, Mycenas avexit: mox liberatae et ipsae a feris in Monte Ŏlympo vorabantur.

Postea Ămazŏnum reginae zonam, quam ei Mars dederat, petere iussus, cum multa pericula superavisset, reginam ipsam occidit zonamque reportavit.

SECTION XXXVI

Grammar: **Subjunctive Passive of Regular Verbs (1st and 2nd Conjugations) #45.**

71

Rome After the Great Wars

Amplius centum iam annos Romani bella prope perpetua cum externis populis gerebant: domi interea senatus auctoritas, pauperum inopia adeo creverant ut maxima esset in civitate dissensio: medii inter hos equites magnas divitias per mercaturam sibi comparaverant. Plebeii quidem iura paria cum patriciis habebant: magistratus autem semper ex eisdem fere gentibus, quae nobiles vocabantur, creati sunt. Cum agri ubique bello vastati essent, per totam Italiam maxima omnium rerum inopia fuit: mercatores quoque frumentum ex Sicilia et Africa importatum tam parvo in Italia vendebant ut non iam agricolis prodesset parvos fundos colere. Ager publicus a paucis et divitibus possidebatur in quo servi dominorum pecora custodiebant.

72

The Labours of Hercules (*continued*)

Olim in insula quadam, quae prope Hispaniam esse credebatur, habitabat monstrum horrendum, Gēry̆on nomine, qui tria corpora habebat: huius pecora gigas et canis, cui duo erant capita, custodiebant. Haec cum reportare iussus esset Hercules per multas terras errabat, tandem ad Libyam venit, ubi Herculis Columnas posuit; quo in itinere, cum magnopere solis ardore vexaretur, sagittam in ipsum solem emisit. Qua audacia adeo deo placuit ut auream ei lintrem daret, in qua ad illam insulam navigavit. Ibi et giganta et canem una cum ipso domino occidit, tum praedam avexit: auream autem lintrem soli reddidit. Pecora, cum plurima pericula superavisset, tandem reportavit ad regem, a quo Iunoni immolata sunt.

SECTION XXXVII

Grammar: **Subjunctive Passive of Regular Verbs (3rd and 4th Conjugations) #45.**

73

The Gracchi (133-121 B.C.)

Ti.[1] Sempronius Gracchus, pauperum misericordia permotus, legem rogavit ut ager publicus ita inter cives divideretur, ut antea a Sextio et Licinio constitutum erat. Legi resistebant senatores, intercessit M. Octavius tribunus plebis. Tum ille populi suffragio confirmatus Octavium tribunatum deponere iussit et proximo anno contra leges iterum ipse tribunatum petiit. Tum senatores cum turba civium iratorum eum in foro oppugnatum occiderunt.

Decem post annis frater eius C. Sempronius Gracchus multas leges rogavit, ut pauperibus liceret frumentum parvo emere, iudices non iam e senatoribus sed ex equitibus deligerentur; postea ut ius suffragii Latinis daretur. Hac autem lege cum omnibus displicuisset, is quoque a suis ipse civibus occisus est.

[1] See p. 107.

74

The Labours of Hercules (*concluded*)

In horto quodam haud procul a Monte Atlante tres erant sorores pulcherrimae, Hesperides nomine : hae una cum ingenti dracone aurea illa poma custodiebant quae Iunoni, cum a Iove in matrimonium duceretur, a Terra data erant. Haec poma petere iussus Hercules, cum situm horti ignoraret, per multas terras diu frustra errabat. Monitus autem a Prometheo Atlantem, qui humeris caeli onus sustinebat, misit ut poma inveniret : ipse interea onus sustinet. Tum ad regem reportavit poma quae postea, cum sibi ab illo data essent, Minervae dedicavit : haec autem in eundem hortum restituit.

Ultimus laborum etiam omnium difficillimus fuit : nam a rege iussus est Cerbĕrum canem a Manibus ad terram suis ipsius viribus, sine armis reportare. Hoc monstrum, quod tria capita habebat, vi superatum avexit, regi ostendit, tum ad Manes reduxit.

SECTION XXXVIII

Grammar: **The Verb** *sequor.* #47.

75

Jugurtha (116-105 b.c.)

Mĭcipsa, rex Nŭmĭdiae, populi Romani socius regnum inter duos filios, Hiempsalem Adherbalemque, et fratris filium Iugurtham diviserat. Iugurtha Hiempsalem occidit, bello superavit Adherbalem, qui a Romanis auxilium petivit. Hi regnum per legatos inter duos diviserunt : Iugurtha autem, quamquam legatorum animos magnis pecuniis adeo sibi conciliaverat ut melior pars regni ei daretur, iterum Adherbalem oppugnavit belloque victum occidit. Tum denique bellum ei Romani indixerunt : is autem eisdem artibus usus pacem pecunia emit. Postea ob eam rem in urbem arcessitus, cum consobrinum suum Massīvam ibi occidisset, tantam inter omnes iram movit ut ex Italia excedere iuberetur. Bellum tum redintegratum est; quo in bello Jugurtha Aulum consulem superavit. exercitus partem trucidavit, partem sub iugum misit. Postea a Q. Metello quem pecunia sibi conciliare frustra conatus est, identidem superabatur : tandem a C. Mario victus et in urbem ductus diu in carcere tenebatur ibique fame necatus est.

76

The Story of Cadmus

Cadmus, a patre iussus sororem amissam domum reportare, cum diu frustra petivisset, ab oraculo sic monitus est: 'Vaccam quam mox videbis sequere: haec ubi fessa humi decumbet, oppidum in eo loco conde.' Vaccam haud multo postea inventam secutus ubi decubuerat ibi condidit Cadmeam quae postea urbis Thebarum arx fuit. Hanc vaccam cum Minervae immolaturus esset, quosdam misit ut aquam peterent: aquam autem custodiebat draco qui homines a Cadmo missos occidit. Tum ille draconem occidit et a Minerva monitus dentes monstri in terra sevit: ex eo loco surrexerunt viri armati qui statim inter se pugnantes ceciderunt: supererant quinque a quibus Thebani originem duxerunt. Cadmus postea in serpentem versus a Iove ad Elysium missus est.

SECTION XXXIX

Grammar: **Verbs in -*io*. of the 3rd Conjugation. #46.**

77

Marius (157-86 B.C.)

C. Mărius, homo obscuro loco natus, in bello contra Iugurtham gesto magnam sibi famam comparavit. Mox consul creatus Teutŏnos, qui arma contra Romanos sumpserant, prope Aquas Sextias vicit. Domi popularium causam contra senatum defendit, quorum suffragiis exercitui, quem tum L. Cornelius Sulla contra Mithridatem, Ponti regem, ducebat, praefectus est. Quod cum audivisset Sulla cum exercitu Romam contendit: Marius fugere coactus diu in summa inopia exsulabat. Postea cum Cinna, dux popularium, Roma pulsus exercitum in Italia colligeret, cum eo Romam revertit, mox victor intravit. Maxima tum caedes secuta est: omnes quos Marius non salutaverat a militibus eius trucidabantur. Proximo anno morbo mortuus est.

78

Ulysses and the Cyclops

Erant olim in Sicilia gigantes quidam qui Cȳclopes vocabantur, e quibus unus, Pŏlȳphēmus nomine, in magna spelunca cum ovibus suis habitabat. Eo Ulixes cum comitibus venit: Polyphemus tum forte oves in monte pascebat. Qui cum domum revertisset oves in speluncam duxit magnumque saxum ad os speluncae posuit. Ulixem cum vidisset, multa rogavit: respondit ille, 'Graeci sumus, qui trans mare ad hanc insulam navigavimus: si deos times, nos adiuva: nam di eos qui advenas auxilium petentes neglegunt maximis suppliciis punire solent.' 'Deos,' respondit Polyphemus, 'Cyclopes non timemus: ipsi enim fortiores eis sumus.' Tum duos e comitibus Ulixis manu corripuit: quorum cum capita saxo elisisset membra dilaniata voravit.

SECTION XL

Grammar: **The Verbs** *possum, volo.*

#49, #52.

79

Sulla (138-78 B.C.)

Interea Sulla, cum Mithridatem vicisset, ad Italiam copias reducere voluit. Itaque, cum Marius mortuus esset et Cinna a militibus esset occisus, ex Asia profectus Brundusium navigavit. Ei se adiunxerunt viri postea in civitate notissimi Cn. Pompeius et M. Crassus, quorum auxilio popularium exercitum superavit. Tum Samnites, qui ad urbem cum ingentibus copiis contendebant, magna cum caede vicit. Postea dictator creatus (quo usus imperio velut regiam potentiam exercebat) primum inimicos suos trucidavit, quoad potuit, tum per plurimas leges senatus auctoritatem confirmavit. Nam tribunorum potestatem minuebat, senatoribus ea iura, quae Gracchus equitibus dederat, reddidit. Tum imperium deposuit, mox Puteolos se recepit, ubi duobus post annis mortuus est.

80

Ulysses and the Cyclops (*continued*)

Hoc Ulixes multo dolore spectabat: voluit ille quidem Polyphemum occidere sed ipse infirmior erat nec magnum illud saxum ad os speluncae positum movere potuit. Postridie Cyclops, cum duos e comitibus Ulixis edisset, cum ovibus ad montem discessit; antea autem saxum in eodem loco posuit. Interea Ulixes ingentem stipitem, quem Cyclops in spelunca reliquerat, in ignem posuit: mox cum gigas revertisset iterumque duos edisset, Ulixes vinum illi dulcissimum dat quod e nave in sacco portaverat. Is magno gaudio bibit; tum plus vini postulavit iussitque Ulixem nomen sibi dicere. Respondit 'Nemo vocor.' Tum ille, 'Neminem,' inquit, 'ultimum omnium edam; hoc tibi munus pro vino dabo.' Tum humi cecidit dormiebatque.

SECTION XLI

Grammar: **The Verbs** *nolo, malo.* #52.

81

Pompey and Crassus Consuls (70 B.C.)

Iucundissima erant Romanis spectacula in quĭbus servi quidam, qui gladiatores vocabantur, in ludis a magistris docti, inter se pugnabant. Si pugnare nolebant, virgis cogebantur: plurimi tamen mori quam ignavi haberi malebant. Horum iam magna multitudo, a Spartăco quodam ducta, arma contra rempublicam sumpserat legionesque Romanas superaverat: cum autem Spartacus ad disciplinam eos instituere non posset, postea a M. Crasso victi sunt. In illo bello M. Crasso subvenit Cn. Pompeius, qui nuper ex Hispania reverterat, ubi bellum a Sertorio, popularium duce, gestum confecerat.

Ad id tempus Cn. Pompeius causam senatus defenderat: mox cum magnopere vellet exercitui, quem Lūcullus contra Mithridatem ducebat, praefici, senatus autem Lucullum revocare nollet, popularibus se adiunxit, quorum suffragiis cum M. Crasso consul creatus est.

82

Ulysses and the Cyclops (*continued*)

Tum dormientis gigantis in oculum, quem unum habebat in media fronte positum, ardentem stipitem immittit. Magno ille cum clamore surgit et a reliquis Cyclopibus auxilium implorat: quibus interrogantibus respondit 'Nemo me fraude occidit.' Illi autem 'Si nemo te occidit,' clamaverunt 'noli nos clamoribus perturbare.' Tum Polyphemus, cum saxum e loco movisset, ad exitum speluncae sedit manusque tetendit ut Ulixem comitesque egredientes corriperet. Is autem singulos comites ovi, hanc ovem mediam inter duas alias, tandem se ipsum arietis ingentis ad ventrem deligavit. Ovium egredientium terga Polyphemus manu permulsit, cum autem proximam sibi solam permulceret homines non tetigit; arietis quoque tergum solum, non ventrem, manu permulsit; Ulixes autem incolumis sub ventre eius latebat.

SECTION XLII

Grammar: **The Verbs** *fero, eo.*

#51, #54.

83

Pompey in the East (67-61 B.C.)

Consules creati Pompeius et Crassus tribunis antiqua iura reddiderunt, senatui auctoritatem a Sulla concessam abstulerunt. Postea lege ab Aulo Găbīnio lata imperium Pompeio datum est contra piratas, qui tum oras ubique vastabant navesque Romanas oppugnabant, ita ut nemo sine magno periculo mare transire posset; quam ob rem in urbe maxima erat frumenti inopia. Tribus mensibus piratas omnes mari pepulerat. Mox lege a C. Mānīlio lata exercitui qui tum contra Mithridatem bellum gerebat praefectus hostem vicit: tum ad Sўriam iit urbemque Hiĕrŏsŏlyma magna cum caede cepit. Tum denique, cum multam sibi famam comparavisset et magnam partem Asiae imperio Romano adiunxisset. Romam rediit.

84

Ulysses and the Cyclops (*concluded*)

E spelunca incolumis egressus Ulixes primum se ipsum, mox comites suos liberavit. Tum oves ad oram egerunt navemque conscenderunt. Cum iam paulum a terra navigavissent, Polyphemum verbis insolentibus compellavit; quam ob rem ille ira permotus montis verticem manu correptum contra navem coniecit: qui, cum haud procul ante navem in mare cecidisset, prope ad oram reppulit. Iterum tamen Ulixes eum compellat: 'Ego Ulixes sum,' inquit; 'Ulixes tibi hanc iniuriam fecit.' Ille autem, cum frustra imploravisset ut ad insulam rediret secumque cenaret, iterum ingens saxum in mare coniecit, quod tamen post navem cecidit: tum deum Neptunum his verbis implorat: 'Ne ad patriam redeat Ulixes; si autem dis placuit ut redeat, solus sine comitibus redeat.'

SECTION XLIII

Grammar: **The Verb** *fio.* #53.

85

The Conspiracy of Catiline (63 B.C.)

Multa interea Romae fiebant, dum Pompeius cum Mithridate bellum gerit. Oratorum Romanorum maximus fuit M. Tullius Cicero : is, consul creatus, eodem anno cives suos servavit. Nam L. Sergius Catilina, vir nobili loco natus, cum sibi pessimos civium adiunxisset, contra rempublicam coniuraverat consiliumque ceperat consules et bonos cives omnes occidere. Haec Ciceroni per legatos quosdam Gallorum, qui tum forte Romae erant, nuntiata sunt. Ab eo accusatus, Catilina, cum urbe paucis cum comitibus excessisset, bellum contra rempublicam in Etruria paravit : reliqui in urbe manebant consulisque iussu in carcerem coniecti sunt. De quibus multa in Curia disseruntur : tandem, cum ita senatoribus placuisset, necati sunt. Mox Catilina, quem contra exercitus missus erat, in acie fortiter pugnans cecidit. Postea Cicero, quod cives Romanos sine iudicio morte puniverat, in exsilium pulsus, proximo anno revocatus est.

86

Sisyphus

Sīsy̆phus rex per mercaturam et ipse dives fiebat et civium suorum divitias magnopere auxit : erat autem omnium hominum pessimus. Multa de perfidia eius ab antiquis narrantur. Ab uxore sua petiverat ne se mortuum sepeliret : mortuus autem apud Plutonem illam accusavit quod ita neglexerat et ab eo petivit ut sibi liceret ad terram redire. Cum autem redisset, ' Non iterum,' inquit, ' ad Manes descendam : sic immortalis fiam.' A Mercurio tamen vi ablatus gravissimo est supplicio punitus. Nam saxum ingens semper ad summum collem portare cogebatur : quotiens autem ad summum venerat, saxum ad imum collem volvebatur isque ad summum iterum portare coactus est.

SECTION XLIV

Grammar: **Interrogative Pronoun. #40.**

87

Caesar (born 100 B.C.)

C. Iūlius Caesar, vir nobili loco natus, cuius patris soror Marii uxor fuerat, per totam vitam popularium causam contra senatum defendit: ipse Corneliam, Cinnae filiam, in matrimonium duxerat, iussusque a Sulla uxori nuntium mittere parere noluit: quam ob rem urbe egressus ad Asiam se recepit. Postea, cum Romam redisset, causam eorum, qui cum Catilina coniuraverant, contra Ciceronem in Curia defendit. 'Multa,' inquit, 'de sceleribus horum Cicero dixit; sed quo consilio ea dixit? Nonne omnibus haec scelera nota sunt? Morte hos punire vult. Cur non etiam verberare vos iubet? Num gravius est verberari quam necari? Id autem iubere nonvult, quod ei videtur indignum esse vobis eiusmodi supplicio homines punire. Mihi autem videtur vobis indignum esse hos sine iudicio necare.' His verbis omnium animos magnopere permovit; cum tamen etiam magis permoveret oratio Cătōnis, qui post Caesarem verba fecit, Ciceronis consilium sequebantur.

88

Croesus

Croesus, rex Lydiae, finitimos populos bello superavit maximamque famam propter divitias et potentiam comparavit. Itaque multi ad eum ex omnibus partibus Graeciae venerunt, inter reliquos Sŏlon, omnium tum Atheniensium sapientissimus. Cui cum magnas suas divitias ostendisset, 'Quem tu, Solon,' interrogavit, 'omnium hominum beatissimum putas?' Respondit ille, 'Tellus Atheniensis mihi omnium beatissimus fuisse videtur; huic enim erant liberi et pulchri et boni, quorum nemo ante patrem mortuus est: ipse cum civibus suis contra finitimos pugnantibus subvenisset hostesque fugavisset in acie fortissime pugnans cecidit eodemque loco ab Atheniensibus magno cum honore sepultus est.' 'Quis tibi post eum,' inquit Croesus, 'beatissimus videtur?' 'Cleŏbis et Biton,' respondit, 'qui matrem suam ipsi in curru traxerunt. Illa a dis imploravit ut rem omnium optimam filiis concederent: eadem nocte uterque mortuus est.'

SECTION XLV

89

Caesar's First Consulship (59 B.C.)

Cn. Pompeius, cum ex Asia redisset, a senatu petiverat ut agros militibus suis bello confectis darent. Id illi facere noluerunt. M. Crasso quoque et reliquis equitibus multa postulantibus nihil concedere volebant. Frustra Cicero concordiam inter senatum et equites confirmare conabatur. Interea Caesar in Hispania bellum gerebat: is ubi Romam revertit Pompeio et Crasso se adiunxit: simul Pompeius Iuliam, Caesaris filiam, in matrimonium duxit. Mox consul creatus altera lege agros Pompei militibus dedit, altera equitibus ea quae postulabant concessit.

Mos fuit Romanorum terras quas bello superaverant provinciasque vocabant per consulares regere. Hi unum annum imperium administrare solebant. Eo tempore pars Galliae provincia Romana erat. Huius provinciae imperium, per leges a Vătīniāno tribuno et Pompeio rogatas, in quinque annos Caesari datum est.

90

Croesus (*continued*)

Tum, magna ira permotus, Croesus 'Num tu hos,' clamavit, 'beatiores quam me putas?' 'Nunc quidem, Croese,' respondit, 'divitias maximas habes, gentes plurimas regis: neminem autem beatum voco priusquam mortuus sit: nam di saepe hominibus plurima dant, mox eosdem maximis malis opprimunt.'

Mox, Persarum potentia territus, constituit bellum Cyro, Persarum regi, indicere: antea tamen nuntios Delphos ad oraculum Apollinis misit, ut hoc deum interrogarent: 'Croesumne mones ut bellum contra Persas gerat?' Respondit deus 'Croesus copias contra Persas ducet et magnum imperium delebit.' Quod cum responsum ei nuntiatum esset, multo gaudio Croesus bellum parare coepit.

SECTION XLVI

91

Caesar in Gaul (59-56 B.C.)

Ad Galliam profectus primo anno Helvētios, qui a Germanis saepissime oppugnati ex angustis finibus egredi et in alia parte Galliae considere volebant, per provinciam Romanam iter facere conantes, reppulit. Eodem anno Ariovistum, qui Germanos trans Rhēnum duxerat et Gallorum agros occupaverat, proelio superavit. Anno secundo Belgas (qui contra Romanos coniuraverant) vicit. Proximo anno, cum inter Cn. Pompeium et M. Crassum dissensio fieret, cum utroque apud Lūcam consilium habuit; ibi constitutum est ut Pompeius et Crassus popularium suffragiis consules crearentur, Caesari imperium in Gallia in quinque annos prorogaretur. Eo anno ipse Vĕnĕtos, Q. Tĭtūrius Săbīnus Unellos, P. Crassus Ăquĭtānos vicit.

92

Croesus (*continued*)

Hoc in bello Croesus cum toto exercitu victus est. Ipse a Cyro vivus igne concremari iubetur. Cum autem in rogum impositus esset regisque ministri iam rogum succenderent, magno ille dolore permotus, 'O Solon, Solon!' clamavit. 'Quem tu nomine vocas?' Cyrus interrogavit. Tum ille rem totam narravit. Victor autem, misericordia permotus, captivum liberari iussit. Rogus tamen iam succensus ardebat. Tum Croesus magna voce a dis petivit ut ignem restinguerent. Quod cum ille multis lacrimis imploravisset, magnus repente imber de caelo descendit ignemque restinxit.

Postea nuntios misit deumque, cuius oraculo falsus erat, multis verbis accusavit. His autem responsum est 'Sic a deo monitus est Croesus, "copias contra Persas ducet et magnum imperium delebit." Duxit copias magnumque imperium delevit, nam suum delevit. Cur igitur deum accusat?'

93

Caesar's Remaining Years in Gaul (56-49 B.C.)

Caesar, cum in Galliam redisset, Usīpĕtes et Tenctheros, qui Rhenum transierant, magna cum caede superavit. Tum ipse, ut Germanos terreret, mira celeritate pontem fecit Rhenumque cum exercitu transiit. Ibi breve tempus moratus cum in Galliam redisset pontem rescidit, ne Germani, illo ponte usi, in Galliam iterum transirent. Eodem anno cum paucis navibus ad Britanniam navigavit, cuius insulae incolae in omnibus fere bellis auxilium ad Gallos contra Romanos miserant. Haud diu in insula moratus proximo anno cum quattuor legionibus iterum eo navigavit: Cassivellaunum, qui Britannorum copiis praeerat, superavit obsidesque ab eo accepit. Tum in Galliam rediit, ubi Belgas, qui iterum coniuraverant, vicit. Tandem Vercingetorix, omnium Gallorum dux militiae peritissimus, qui cum omnibus fere gentibus Galliae coniuraverat, a Caesare victus est. Haec omnia Caesar in septem libris de bello Gallico scriptis narravit.

94

PHAETHON

Phaĕthon, Solis filius, a patre olim petivit ut sibi liceret unum diem solis currum per caelum agere. Quod cum ab illo concessum esset, magno cum gaudio puer currum ascendit. Gravissimas tamen poenas audaciae persolvere coactus est. Nam propter corporis infirmitatem equos fortissimos coercere non potuit: illi igitur e cursu egressi tam prope terram descenderunt ut eam fere incenderent. Itaque Iuppiter, ira permotus, puerum infelicem fulmine necavit mortuumque in Ērĭdănum flumen coniecit. Sorores eius, quae equos currui iunxerant, ad ripas eius fluminis venerunt et tanto dolore propter fratris mortem movebantur ut deorum misericordiam excitarent, a quibus ipsae in arbores, lacrimaeque earum in electrum versae sunt.

95

Caesar crosses the Rubicon (49 b.c.)

Interea M. Crassus contra Parthos pugnans ceciderat, Cn. Pompeius, invidia permotus propter tot victorias a Caesare reportatas, senatui se adiunxerat. Caesar a senatu iussus est legiones dimittere Romamque redire. 'Ego meas legiones,' respondit, 'dimittam, si suas quoque legiones dimiserit Pompeius.' Id autem ille facere noluit. Tandem, bellum civile vitare quam maxime conatus, cum senatus plane eum hostem reipublicae habiturus esset, e Gallia in Italiam profectus, ad parvum flumen Rŭbĭcōnem venit. Multas ibi horas moratus esse dicitur: nam hoc flumen non licuit imperatori Romano cum armatis legionibus transire: tandem 'Iacta est alea,' clamavit, flumenque cum copiis transiit: qua re bellum reipublicae indixit.

96

The Death of Caesar (44 b.c.)

Caesar cum in Italiam venisset senatorum copias ubique vicit. Pompeius, qui ad Aegyptum navigaverat, Ptŏlĕmaei regis iussu occisus est. Eo secutus Caesar in magnum periculum venit: nam ab exercitu, quem Ptolemaeus collegerat, repente oppugnatus nando vitam servavit, manu interea tenens libros illos quos de bello scripserat. Postea tamen mira celeritate hostes omnes superavit: quas victorias his verbis nuntiavit, 'Veni, vidi, vici.'

Dictator creatus maxima cum clementia inimicis omnibus parcebat optimasque leges tulit. Priusquam tamen omnia quae in animo habebat peragere posset ab inimicis in Curia occisus est. E quibus unus, M. Brūtus nomine, olim inimicus, postea in amicitiam ab illo acceptus erat. Hunc ubi vidit, 'Et tu, Brute!' clamavit, nec diutius resistebat: multis vulneribus transfixus prope statuam Pompeii cecidit.

ABBREVIATIONS OF NAMES

C.	=	Gaius.[1]
Cn.	=	Gnaeus.[1]
L.	=	Lūcius.
M.	=	Marcus.
P.	=	Publius.
Q.	=	Quintus.
Sp.	=	Spŭrius.
T.	=	Tĭtus.
Ti.	=	Tĭbĕrius.

[1] The letter C originally represented the G sound; when G was introduced into the Latin alphabet, C still denoted the G sound when standing for the names, Gaius and Gnæus.

SPECIAL VOCABULARIES

N B.—When a Proper Noun is the same in English as in Latin, it is not given in the Vocabulary.

A

cŏpiae, (*plural*), *1. f.*, forces.
păro, (*1*), I prepare.
ad, (*with accusative*), to.
năvĭgo, (*1*), I sail.
diu, for a long time.
pugno, (*1*), I fight.
fāma, *1. f.*, fame, glory.
compăro, (*1*), I gain, win.
Trŏia, *1. f.*, Troy.
expugno, (*1*), I take by storm.

B

lātē, far and wide.
per, (*with accusative*), through.
Graecia, *1. f.*, Greece.
erro, (*1*), I wander.
inter, (*with accusative*), among.
tandem, at last.
incŏla, *1. c.*, inhabitant.
oppugno, (*1*), I attack.
sŭpĕro, (*1*), I overcome, defeat.
hŏdie, to-day.
regno, (*1*), I reign.

C

ōlim, once upon a time, formerly, once.
in, (*with ablative*), in.
posteā, afterwards.
semper, always.
dūro, (*1*), I remain, last.

D

saepĕ, often.
Ītălia, *1. f.*, Italy.
Aeneădae, (*plural*), *1. m.*, the descendants of Aeneas.
aedĭfĭco, (*1*), I build.

E

advĕna, *1. c.*, stranger.
cum, (*with ablative*), with.
prŏpĕ, almost.
ĭbī, there.
Rōma, *1. f.*, Rome.

F

et, and.
in, (*with accusative*), into, against.
prŏpĕ, (*with accusative*), near.

G

pătria, *1. f.*, native-land, country.
ămo, (*1*), I love.
hăbĭto, (*1*), I dwell.
prŏcul, far.
a, ab, (*with ablative*), from.
contrā, (*with accusative*), against.

H

propter, (*with accusative*), on account of.
invĭdia, *1. f.*, envy.
coniūro, (*1*), I conspire.
săgitta, *1. f.*, arrow.
vulnĕro, (*1*), I wound.
e, ex, (*with ablative*), from, out of.
terra, *1. f.*, land, country.
fŭgo, (*1*), I put to flight, drive.
crās, to-morrow.
ĭtĕrum, again.

1

ŭbĭ, when, where.

2

nos, we, us.
explōro, (*1*), I seek to find.
fortassĕ, perhaps.
prīmo, at first.
nōn, not.
tămen, however.
si, if.
vōs, you.
pugna, *1. f.*, battle, fight.
rĕvŏco, (*1*), I recall.
servo, (*1*), I preserve, save.

3

Rōmānus, *2. m.*, a Roman.
gĕmĭnus, *2. m.*, twin-brother.
ĕrant, were, there were.
mūrus, *2. m.*, wall.
trans (*acc.*), over, across.
salto, (*1*), I jump.
nĕco, (*1*), I kill.
post (*acc.*), after.
mīlĭtia, *1. f.*, warfare.
săpientia, *1. f.*, wisdom.
fīnĭtĭmus, *2. m.*, neighbour.
ămīcĭtia, *1. f.*, friendship.
confirmo (*1*), I establish, strengthen.
Circus, *2. m.*, Circus (here the Circus Maximus at Rome, where chariot races were held).
nēmo, no one.

4

sōlum, only.
sed, but.
ĕtiam, also, even.
barbărus, *2. m.*, barbarian.
cŏlōnia, *1. f.*, colony.
collŏco, (*1*), I place.
cŏlōniam collŏco, I plant a colony.
Gallia, *1. f.*, Gaul.
victōria, *1. f.*, victory.
rĕporto, (*1*), I bring back.

victōriam rĕporto, I win a victory.

Graecus, *2. m.*, a Greek.

phĭlŏsŏphia, *1. f.*, philosophy.

littĕrae, (*pl.*) *1. f.*, literature, writing.

ănĭmus, *2. m.*, mind.

applĭco, (*1*), I apply.

discĭplīna, *1. f.*, discipline.

informo, (*1*), I train.

5

templum, *2. n.*, temple.

Căpĭtōlium, *2. n.*, the Capitol, (the citadel of Rome).

bellum, *2. n.*, war.

oppĭdum, *2. n.*, town.

nĕque, (nec), nor, and not.

nĕque, (**nec**) . . . **nĕque**, (**nec**), neither . . . nor.

fīlius, *2. m.*, son.

ĭtăque, therefore.

pŏpŭlus, *2. m.*, people.

tўrannus, *2. m.*, tyrant.

impĕrium, *2. n.*, chief command, rule.

admĭnistro, (*1*), I administer.

quod, because.

pro, (*abl.*), for, on behalf of, instead of.

vŏco, (*1*), I call.

ămīcus, *2. m.*, friend.

ĕrat, was.

6

bĕnĕ, well.

pĕrīcŭlum, *2. n.*, danger.

crūdēlĭter, cruelly.

exemplum, *2. n.*, example.

laudo, (*1*), I praise.

lĭbenter, willingly.

vīta, *1. f.*, life.

bŏna, (*pl.*) *2. n.*, goods, property.

arbĭtrium, *2. n.*, authority, decision, will.

mando, (*1*), I entrust, commit.

fĕrē, almost.

ŭbīque, everywhere.

7

sŏcius, *2. m.*, ally.

ăger, (*gen.* **agri**), *2. m.*, field, land, territory; *pl.* territories.

vasto, (*1*), I lay waste.

flŭvius, *2. m.*, river.

iam, now, already.

Rēgillus Lăcus, the Lake Regillus.

ācrĭter, fiercely.

clāmo, (*1*), I cry out, cry, exclaim.

deus, *2. m.*, god.

dēdĭco, (*1*), I dedicate.

tum, then.

ĕquus, *2.* m., horse; **ex equo, ex equis**, on horseback.

8

sīcut, just as.

Brĭtannia, *1. f.*, Britain.

puer, *2. m.*, boy.

schŏla, *1. f.*, school.

măgister, (*gen.* **magistri**), *2. m.*, master, schoolmaster.

līber, (*gen.* **libri**), *2. m.*, book.

commeo, (*1*), I go, go to and fro.

Spartānus, *2. m.*, Spartan.
omnīno, altogether.
lūdus, *2. m.*, game,
Āthēnae, (*pl.*), *1. f.*, Athens.
histŏria, *1. f.*, history.
praecīpuē, especially.
servus, *2. m.*, slave.
verbĕro, (*1*), I thrash.
părum, insufficiently, not enough.
dīligenter, diligently.
lăbōro, (*1*), I work.
contrā, on the other hand.
vexo, (*1*), I annoy.
Hŏmērus, *2. m.*, Homer.
scripta, (*pl.*), *2. n.*, writings.

9

multus, -a, -um, much, many.
intro, (*1*), I enter.
quŏniam, since.
ignōro, (*1*), I do not know.
scrība, *1. m.*, secretary.
fŭga, *1. f.*, flight.
tempto, (*1*), I attempt.
mīnister, (*gen.* ministri), *2. m.*, attendant.
magnus, -a, -um, great.
īra, *1. f.*, anger.
mīnae (*pl.*), *1. f.*, threats.
de, (*with ablative*), concerning.
consĭlium, *2. n.*, plan.
interrŏgo, (*1*), I ask.
terreo, (*2*), I frighten.
nĭhil, nothing.
nuntio, (*1*), I announce, give information.
tăceo, (*2*), I am silent. say nothing.
flamma, *1. f.*, flame.
circumdo, (*1*), I surround.
āra, *1. f.*, altar.
ardeo, (*2*), I burn, (*intransitive*).
dextra, *1. f.*, right hand.
tĕneo, (*2*), I hold, keep.
respondeo, (*2*), I answer.
supplĭcium, *2. n.*, punishment.
tĭmeo, (*2*), I fear.
plăceo, (*2*), I please (*dative*).
responsum, *2. n.*, the answer.
tam, so.
intrĕpĭdus, -a, -um, fearless.
lībĕro, (*1*), I set free.
bĕnĕfĭcium, *2. n.*, kindness.
anteā, before.
singŭli, -ae, -a, one by one, singly.
mŏveo, (*2*), I move.
Rōmānus, -a, -um, Roman
audācia, *1. f.*, boldness.
stătim, at once.

10

ĕrat, was, there was.
monstrum, *2. n.*, monster
horrendus, -a, -um, horrible.
hăbeo, (*2*), I have.
ŏcŭlus, *2. m.*, eye.
saevus, -a, -um, fierce.
spīro, (*1*), I breathe.
spēlunca, *1. f.*, cave.

deus, *2. m.*, god.
taurus, *2. m.*, bull.
ăliquot, some.
cauda, *1. f.*, tail.
tracto, (*1*), I drag.
lŏcus, *2. m.*, place.
investīgo, (*1*), I search.
vestīgium, *2. n.*, footprint.
lătebrae, *1. pl. f.*, hiding-place.
indīco, (*1*), I show, reveal.
ūnus, -a, -um, one.
prŏpĕro, (*1*), I hasten.
prīmum, for the first time.
frustrā, in vain.
tēlum, *2. n.*, weapon.
et . . . et, both . . . and.

11

non iam, no longer.
nondum, not yet.
līber, lībĕra, lībĕrum, free.
ălius, -a, -ud, other; **ălii . . . ălii**, some . . . others.
pātrīcius, -a, -um, patrician.
plēbeius, -a, -um, plebeian.
prīmus, -a, -um, first.
dŏmīcīlium, *2. n.*, abode, dwelling.
mercātūra, *1. f.*, trade.
eo, thither.
exsŭlo, (*1*), I am an exile, I am in exile.
sōlus, -a, -um, only, alone.
mĭser, mĭsĕra, mĭsĕrum, wretched.
fīnĭtĭmus, -a, -um, neighbouring.
ēmŏlŭmentum, *2. n.*, advantage.
nullus, -a, -um, no.
iniūria, *1. f.*, wrong, injury.
turba, *1. f.*, crowd.
fŏrum, *2. n.*, forum, market-place.
sătis, enough, sufficiently.
sustĭneo, (*2*), I endure.
tot, (*indeclinable*), so many.
pāreo, (*2*), (*dative*), I obey.

12

parvus, -a, -um, small.
est, is, there is.
Crēta, *1. f.*, Crete.
insŭla, *1. f.*, island.
pŏtentia, *1. f.*, power.
lăbўrinthus, *2. m.*, labyrinth.
trĭbūtum, *2. n.*, tribute.
postŭlo, (*1*), I demand.
pīrāta, *1. m*, pirate.
quŏtannis, every year.
septem, seven.
puella, *1. f.*, girl.
vŏro, (*1*), I devour.
vir, *2. m.*, man, hero.
exitium, *2. n.*, ruin, destruction.

13

quamquam, although.
prōmissum, *2. n.*, promise.
praesto, -āre, praestĭti, (*1*), I keep (a promise), fulfil.
rĕlinquo, -ĕre, relīqui, relictum, (*3*), I leave.
discēdo, -ĕre, discessi, discessum, (*3*), I depart.

cŏlo, -ĕre, colui, cultum, (*3*), I cultivate.

nĭsĭ, unless.

Cūria, *1. f.*, Senate-house.

dissĕro, -ĕre, disserui, (*3*), I discuss.

bŏnus, -a, -um, good.

lēgātus, *2. m.*, ambassador, envoy.

mitto, -ĕre, mīsi, missum, (*3*), I send.

nōtus, -a, -um, known, well-known.

făbŭla, *1. f.*, fable, story.

narro, (*1*), I narrate.

concēdo, -ĕre, concessi, concessum, (*3*), I grant, concede.

trĭbūnus, *2. m.*, tribune.

creo, (*1*), I elect, appoint.

dēfendo, -ĕre, dēfendi, dēfensum, (*3*), I defend.

rĕverti, (*perfect tense*), (*3*), I returned.

14

obsĭdeo, -ēre, obsēdi, obsessum, (*2*), I besiege.

Trōiānus, -a, -um, Trojan.

Ŭlixes, Ulysses.

arma, *2. n. pl.*, arms.

ostendo, -ĕre, ostendi, ostentum, (*3*), I show, set forth.

ligneus, -a, -um, wooden.

ōra, *1. f.*, shore.

silva, *1. f.*, wood.

excēdo, -ĕre, excessi, excessum, (*3*), I go forth.

lăteo, (*2*), I lie hid.

trăho, -ĕre, traxi, tractum, (*3*), I drag.

falsus, -a, -um, false.

mox, soon, later.

Minerva, *1. f.*, the goddess Minerva.

dūco, ĕre, duxi, ductum, (*3*), I lead.

tōtus, -a, -um, whole.

gaudium, *2. n.*, joy.

convīvium, *2. n.*, feast.

cĕlĕbro (*1*), I celebrate.

rĕpente, suddenly.

porta, *1. f.*, gate.

rĕsĕro, (*1*), I unlock.

rĕlĭquus, -a, -um, the remaining, the other.

incendo, -ĕre, incendi, incensum, (*3*), I burn (*transitive*), set fire to.

15

captus, -a, -um, captured.

pūblĭcus, -a, -um, public.

dīvĭdo, -ĕre, dīvīsi, dīvīsum, (*3*), I divide.

consul, -is, *3. m.*, consul.

lex (*gen.* **lēgis**), *3. f.*, law.

causa, *1. f.*, cause ; **causā** + *genitive*, for the sake of.

rŏgo, (*1*), I ask ; **lēgem rŏgo**, I propose a law.

regnum, *2. n.*, royal power, kingdom.

appĕto, -ĕre, appĕtīvi, appĕtītum, (*3*), I aim at.
mūnus(*gen.* **mūnĕris**),*3. n.*, a gift.
ĕiusmŏdi, of that kind.
auctōrĭtas (*gen.* **auctōrĭtātis**), *3. f.*, authority.
rex (*gen.* **rēgis**), *3. m.*, king.
rĕgo, -ĕre, rexi, rectum, (*3*), I reign.
antīquo, (*1*), I reject.
lātor, -is, *3. m.*, proposer.
foedus (*gen.* **foedĕris**),*3 n.*, treaty.
adiungo, -ĕre, adiunxi, adiunctum (*3*), I join.
crīmen (*gen.* **crīmĭnis**), *3. n.*, charge, accusation.
accūso (*1*), I accuse; **falsis crīmĭnĭbus accūso,** I accuse on false charges.
iūdex (*gen.* **iūdĭcis**), *3. c.*, judge.
damno, (1), I condemn.
sīc, thus.
pauper, -is, *3.* poor, a poor man.
suspīcio (*gen.* **suspīciōnis**), *3. f.*, suspicion.
mors (*gen.* **mortis**), *3. f.*, death.
oppĕto, -ĕre, oppĕtīvi, oppĕtītum, (*3*), I meet.
inhŏnestus, -a, -um, shameful.

16

virtūs, (*gen.* **virtūtis**), *3. f.*, valour, courage.
impĕrātor, -is, *3. m.*, general, commander-in-chief.
rixa, *1. f.*, quarrel.
contŭmēlia, *1. f.*, insult.
tăbernācŭlum, *2. n.*, tent.
porto, (*1*), I carry.
prōmitto, -ĕre, prōmīsi, prōmissum, (*3*), I promise.
sūmo, -ĕre, sumpsi, sumptum, (*3*), I take, take up.
dŏlor, -is, *3. m.*, grief.
corpus (*gen.* **corpŏris**), *3. n.*, body.
ter, three times, thrice.
cŏtīdie, daily, every day.
circum, (*acc.*), around.
tŭmŭlus, *2 m.*, tomb, mound.
lăcrĭma, *1. f.*, tear.
pĕto, -ĕre, pĕtii or **-īvi, pĕtītum,** (*3*), I seek, ask for.
sĕnex, (*gen.* **sĕnis**), *3. m.*, old man.
reddo, -ĕre, reddĭdi, reddĭtum, (*3*), I give back, restore.

17

gĕro, -ĕre, gessi, gestum, (*3*), I carry on, wage.
mūnio, (4), I fortify.
iŭvĕnis, (*gen.* **iŭvĕnis**), *3, usually m.*, young man.
exinde, from that time.
cīvis, (*gen.* **cīvis**), *3. c.*, citizen.
urbs, (*gen.* **urbis**), *3. f.*, city; *often* 'the city,' (*i.e.* Rome).
suffrāgium, *2. n.*, vote.
sŭperbia, *1. f.*, pride.

frūmentum, *2. n.*, corn.

inŏpia, *1. f.*, scarcity, want.

săcer, sacra, sacrum, sacred.

mons, (*gen.* **montis**), *3. m.*, mountain, mount.

iūs, (*gen.* **iūris**), *3. n.*, right, privilege, law, justice.

audio, (*4*), I hear.

pūnio, (*4*), I punish.

hostis, (*gen.* **hostis**), *3. c.*, enemy.

māter, (*gen.* **matris**), *3. f.*, mother.

uxor, (*gen.* **uxōris**), *3. f.*, wife.

O, Oh.

18

cŏmĕs, (*gen.* **cŏmĭtis**), *3. c.*, companion.

ventus, *2. m.*, wind.

măneo, -ēre, mansi, mansum, (*2*), I remain.

ēmitto, -ĕre, ēmīsi, ēmissum, (*3*), I send forth.

autem (*second word*), but, however, now.

saccus, *2. m.*, bag.

vincio, -īre, vinxi, vinctum, (*4*), I bind.

do, dăre, dĕdi, dătum, (*1*), I give.

ăpĕrio, -īre, aperui, ăpertum, (*4*), I open.

nāvis, (*gen.* **nāvis**), *3. f.*, ship.

vĕnio, -īre, vēni, ventum, (*4*), I come.

lăbor, (*gen.* **lăbōris**), *3. m.*, work, toil.

fessus, -a, -um, weary.

dormio, (*4*), I sleep.

clam, secretly.

aurum, *2. n.*, gold.

argentum, *2. n.*, silver.

auxĭlium, *2. n.*, help.

inĭmīcus, *2. m.*, enemy.

inquit, (*defective verb*), **he says**, he said.

adiŭvo, -āre, adiūvi, adiūtum, (*1*), I help.

19

Veiens, (*gen.* **Veientis**), of *or* belonging to Veii, Veientian.

ingens, (*gen.* **ingentis**), **huge**.

nostri, our men.

intrā, (*acc.*), within.

mīlĕs, (*gen.* **mīlĭtis**), *3. m.*, soldier.

gens, (*gen.* **gentis**), *3. f.*, family, clan.

Făbius, -a, -um, Fabian.

pĕcūnia, *1. f.*, money.

cīvĭtas, (*gen.* **cīvĭtātis**), *3. f.*, state.

postrīdie, on the following day.

omnis, -e, all.

pĕcus, (*gen* **pĕcŏris**), *3. n.*, **herd, cattle.**

insĭdiae, *pl.*, *1. f.*, **ambush.**

haud, not.
pōno, -ĕre, pŏsui, pŏsĭtum, (*3*), I place.
praeda, *1. f.*, booty.
incautē, incautiously.
clāmor, -is, *3. m.*, shout, cry.
undĭque, on all sides.
iăcŭlum, *2. n.*, dart.
praeter, (*acc.*), except, besides.
cădo, -ĕre, cĕcĭdi, cāsum, (*3*), I fall.
nam, for.
aetās, (*gen.* **aetātis**), age.
dŏmi, at home.

20

mīrus, -a, -um, strange, wonderful.
cănis, (*gen.* **cănis**), *3. c.*, dog.
faelis, (*gen.* **faelis**), *3. f.*, cat.
incendium, *2. n.*, fire.
via, *1. f.*, street, road.
neglĕgo, -ĕre, neglexi, neglectum, (*3*), I neglect.
custōdio, (*4*), I guard.
vel, even, or.
sŭpercĭlium, *2. n.*. eyebrow.
rādo, -ĕre, rāsi, rāsum, (*3*), I shave.
Nīlus, *2. m.*, the Nile.
crŏcŏdīlus, *2. m.*, crocodile.
capto, (*1*), I catch, try to catch.
căro, (*gen.* **carnis**), *3. f.*, flesh.
porcīnus, -a, -um, of *or* belonging to a pig.
hāmus, *2. m.*, hook.
infīgo, -ĕre, infixi, infixum, (*3*), I fix to.
dēmitto, -ĕre, dēmīsi, dēmissum, (*3*), I let down.
rīpa, *1. f.*, bank.
vīvus, -a, -um, living, alive.
porcus, *2. m.*, pig.

21

fundus, *2. m.*, farm.
tĭmor, (*gen.* **tĭmōris**), *3. m.*, fear.
dictātor, -is, *3. m.*, dictator.
sĕnātor, -is, *3. m.*, senator.
nuntius, *2. m.*, messenger.
ăro, (*1*), I plough.
invĕnio, -īre, invēni, inventum, [(*4*), I find.
tŏga, *1. f.*, toga.
verbum, *2. n.*, word.
lux, (*gen.* **lūcis**), *3. f.*, light; **prīmā luce**, at daybreak.
cĕlĕrĭtas, (*gen.* **cĕlĕrĭtātis**), *3. f.*, rapidity, speed.
ante, (*acc.*), before.
mĕdius, -a, -um, middle.
nox, (*gen.* **noctis**), *3. f.*, night; **media nox**, midnight.
utrimque, on both sides.
dēpōno, -ĕre, depŏsui, depŏsitum, (*3*), I lay down.
victor, -is, *3. m.*, victor.
iŭgum, *2. n.*, yoke.
sub, (*acc. or abl.*), under.
captīvus, -a, -um, captive.
triumphus, *2. m.*, triumphal procession.

22

Lăcedaemŏnius, -a, -um, Lacedaemonian.
pulchrĭtūdo, (*gen.* **pulchrĭtūdĭnis**), *3. f.*, beauty.
Ăpollo, (*gen.* **Ăpollĭnis**), *3. m.*, Apollo.
discus, *2. m.*, quoit.
lūdo, -ĕre, lūsi, lūsum, (*3*), I play.
Zĕphȳrus, *2. m.*, Zephyrus (the god of the West Wind).
ăcer, **ăcris**, **ăcre**, sharp, fierce.
immitto, -ĕre, immīsi, immissum, (*3*), I hurl.
mortuus, -a, -um, dead.
hŭmi, on the ground.
infēlix, (*gen.* **infēlīcis**), unhappy, unfortunate.
sanguis, (*gen.* **sanguĭnis**), *3. m.*, blood.
cruento, (*1*), I stain (with blood).
flōs, (*gen.* **flōris**), *3. m.*, flower.
pulcher, pulchra, pulchrum, beautiful.
surgo, -ĕre, surrexi, surrectum, (*3*), I rise.
frons, (*gen.* **frondis**), *3. f.*, leaf.
littĕra, a letter (of the alphabet).
nōmen, (*gen.* **nōmĭnis**), *3. n.*, name.
nŏto, (*1*), I mark.
hyăcinthus, *2. m.*, hyacinth.
quŏque, also.
ōs, (*gen.* **ōris**), *3. n.*, face, mouth.
ĭmāgo, (*gen.* **ĭmāgĭnis**), *3. f.*, reflection, image.
specto, (*1*), I watch.
ămŏr (*gen.* **amōris**), *3. m.*, love.

23

excĭto, (*1*), I rouse, arouse.
dĕcem, ten ; **dĕcemviri**, Decemvirs (commission of ten men).
condo, -ĕre, condĭdi, condĭtum, (*3*), I put together, compile, found.
exerceo, (*2*), I exercise.
nŏvus, -a, -um, new.
duŏdĕcim, twelve.
tăbŭla, *1. f.*, tablet.
scriptus, -a, -um, written

24

cēna, *1. f.*, dinner.
immortālis, -e, immortal.
sĕmel, once.
sĭmul, at the same time.
hūmānus, -a, -um, human.
fĕrīnus, -a, -um, of animals.
appōno, -ĕre, appŏsui, appŏsĭtum (*3*), I serve up.
fraus, (*gen.* **fraudis**), *3. f.*, deception.
sentio, -ire, sensi, sensum (*4*), I perceive.
Pĕlops (*gen.* **Pĕlŏpis**), Pelops.

pars (*gen.* **partis**), *3. f.*, part.
membrum, *2. n.*, limb.
ăēnum, *2. n.*, bronze cauldron.
cŏquo, -ĕre, coxi, coctum, (*3*), I cook.
cĭbus, *2. m.*, food.
ĕdo, -ĕre, ēdi, ēsum, (*3*), I eat.
Cĕrēs (*gen.* **Cĕrĕris**), Ceres.
nūper, lately.
āmitto, -ĕre, āmīsi, āmissum, (*3*), I lose.
hŭmĕrus, *2. m.*, shoulder.
alter, -a, -um, second, one *or* other (of two).
ĕburneus, -a, -um, of ivory.
Pĕlŏpĭdae (*pl.*), *1. m.*, descendants of Pelops.
candĭdus, -a, -um, white.
vĕlut, as if.
scĕlus (*gen.* **scĕlĕris**), *3. n.*, crime.

25

ĕquĕs (*gen.* **ĕquĭtis**), *3. m.*, horseman, knight; *pl.*, **cavalry.**
dīvĭtiae, *1. pl. f.*, riches.
ĕmo, -ĕre, ēmi, emptum, (*3*), I buy.
aut, or; **aut . . . aut,** either . . . **or.**
parvo, at a small price.
grātīs, for nothing, gratuitously.
lībĕrālĭtās (*gen.* **lībĕrālĭtātis**), *3. f.*, generosity.
hŏnŏr (*gen.* **hŏnōris**), *3 m.*, honour; **in hŏnōre hăbeo, I hold in honour.**

mŏneo, (*2*), I advise, warn.
măgister ĕquĭtum, Master of the **Horse.**
factum, *2. n.*, deed.
exsĭlium, *2. n.*, exile.

26

tībia, *1. f.*, flute; **tibiā ludo,** I play on the flute.
ăqua, *1. f.*, water.
vĭdeo, -ēre, vīdi, vīsum, (*2*), I see.
dea, *1. f.*, goddess.
dĕcet, (*2*), it suits, it befits.
īrātus, -a, -um, angry, in anger.
tango, -ĕre, tĕtĭgi, tactum, (*3*), I touch.
sŏnus, *2. m.*, sound.
dulcis, -e, sweet.
certāmen (*gen.* **certāmĭnis**), *3. n.*, contest.
prōvŏco, (*1*), I challenge.
Mūsa, *1. f.*, Muse.
iūdĭco, (*1*), I judge.
victus, -a, -um, conquered.
constĭtuo, -ĕre, constitui, constĭtūtum, (*3*), I decide, settle.
cĭthăra, *1. f.*, lyre.
pĕnĕs (*acc.*), in the power of; **pĕnes nos victōria est,** the **victory rests with us.**
hŏmo (*gen.* **hŏmĭnis**), *3. c.*, man, human being.
arbor (*gen.* **arbŏris**), *3. f.*, tree.
cŭtis (*gen.* **cŭtis**), *3. f.*, skin.
dētraho, -ĕre, detraxi, detractum, (*3*), **I drag off.**

fluo, -ĕre, fluxi, fluxum, (*3*), I flow.

27

-que, and.
măre (*gen.* **măris**), *3. n.*, sea.
dēleo, -ēre, dēlēvi, dēlētum, (*2*), I destroy.
Gallus, *2. m.*, a Gaul.
cŭnīculus, *2. m.*, mine.
arx (*gen.* **arcis**), *3. f.*, citadel.
ăgo, -ĕre, ēgi, **actum,** (*3*), I drive, do, carry on; **cŭnīcŭlum ăgo,** I construct a mine; **triumphum ăgo,** I celebrate a triumph.
intĕreā, meanwhile.
immŏlo, (*1*), I sacrifice.
săcerdōs (*gen.* **săcerdōtis**), *3. m.*, priest.
hostia, *1. f.*, victim.
me, me.
ultro, of one's own accord, voluntarily.
innŏcens (*gen.* **innocentis**), innocent.
ingrātus, -a, -um, ungrateful.
dēsīdĕro, (*1*), I feel the want of, I miss.

28

Făliscus, *2. m.*, inhabitant of Falerii, Faliscan.
dŏceo, -ēre, dŏcui, doctum, (*2*), I teach.
săpiens (*gen.* **sapientis**), wise.
ită, thus.
imprŏbus, -a, -um, wicked.
trādo, -ĕre, trādīdi, trādĭtum (*3*), I hand over.
princeps (*gen.* **prīncĭpis**), *3 m.*, chief man.
obsĕs (*gen.* **obsĭdis**), *3. c.*, hostage.
sunt, are, there are.
pax (*gen.* **pācis**), *3. f.*, peace.
nūdo, (*1*), I strip.
prōdĭtor (*gen.* **prōdĭtōris**), *3. m.*, betrayer, traitor.
inde, thence.
iustus, -a, -um, just.

29

exercĭtus, *4. m.*, army.
vix, scarcely.
impĕtus, *4. m.*, attack.
occŭpo, (*1*), I seize.
spectăcŭlum, *2. n.*, sight.
părātus, -a, -um, prepared.
adventus, *4. m.*, arrival.
exspecto, (*1*), I await.
magistrātus, *4. m.*, magistrate.
sella, 1. *f.*, chair.
sĕdeo, -ēre, sēdi, sessum, (*2*), I sit.
immōtus, -a, -um, motionless.
barba, 1. *f.*, beard.
mănus, *4. f.*, hand.
permulceo, -ēre, permulsi, permulsum, (*2*), I stroke.
scīpio (*gen.* **scīpiōnis**), *3. m.*, staff.
fĕrio, (*4*), I strike.
trŭcīdo, (1), I massacre.

30

hăruspex (*gen.* **hăruspĭcis**), *3. m.*, soothsayer.
sermo (*gen.* **sermōnis**), *3. m.*, conversation.
incĭdo, **-ĕre**, **incĭdi**, (*3*), I fall into.
lăcus, 4. *m.*, lake.
agger (*gen.* **aggĕris**), *3. m.*, rampart.
fortis, -e, strong.
infirmus, -a, -um, weak.
ōrācŭlum, *2. n.*, oracle.
rĕdĭtus, 4. *m.*, return.
dēnique, at last, finally.
crēdo, **-ĕre**, **crēdĭdi**, **crēdĭtum**, (*3*), I believe (*dative*).
fortĕ, by chance.
imber (*gen.* **imbris**), *3. m.*, rain.
augeo, **-ēre**, **auxi**, **auctum**, (*2*), I increase (*transitive*); *in passive* (*of lakes, rivers, etc.*), to be flooded.

31

noctu, by night.
angustus, -a, -um, narrow.
gĕnu, *4. n.*, knee.
nixus, -a, **-um**, resting on (*with abl.*).
ascendo, **-ĕre**, **ascendi**, **ascensum**, (*3*), I climb up, ascend.
fallo, **-ĕre**, **fĕfelli**, **falsum**, (*3*), I escape the notice of, evade, deceive.
anser, **-is**, *3. c.*, goose.
Iūno, (*gen.* **Iūnōnis**), *3. f.*, the goddess Juno.
dēturbo, (*1*), I throw down.
pānis, (*gen.* **pānis**), *3. m.*, bread.
iacto, (*1*), I throw.
sălūs, (*gen.* **sălūtis**), *3. f.*, safety.
mille, a thousand.
lībra, *1. f.*, pound.
Gallicus, **-a**, **-um**, of *or* belonging to the Gauls, Gallic.
inīquus, **-a**, **-um**, unfair.
pondus, (*gen.* **pondĕris**), *3. n.*, weight.
glădius, *2. m.*, sword.
addo, **-ĕre**, **addĭdi**, **addĭtum**, (*3*), I add.
Vae, Woe!
exsul, (*gen.* **exsŭlis**), *3. c.*, an exile.
collĭgo, **-ĕre**, **collēgi**, **collectum**, (*3*), I collect.
insŏlens, (*gen.* **insŏlentis**), insolent.
dīco, **-ĕre**, **dixi**, **dictum**, (*3*), I say.

32

Argŏnautae, *1. pl. m.*, Argonauts; sailors of the Argo.
pătruus, *2. m.*, uncle.
aureus, **-a**, **-um**, golden.
vellus, (*gen.* **vellĕris**), *3. n.*, fleece.
ărātrum, *2. n.*, plough.
iungo, **-ĕre**, **iunxi**, **iunctum**, (*3*),

I join; **ărātro iungo**, I yoke, (*lit.* I join to the plough).

dens, (*gen.* **dentis**), *3. m.*, tooth.

drăco, (*gen.* **drăcōnis**), *3. m.*, dragon.

sĕro, **-ĕre**, **sēvi**, **sătum**, (*3*) I sow.

fīlia, *1. f.*, daughter.

cornu, *4. n.*, horn.

aēneus, **-a**, **-um**, of bronze.

pēs, (*gen.* **pĕdis**), *3. m.*, foot.

armātus, **-a**, **-um**, armed.

măgĭcus, **-a**, **-um**, magic.

ars, (*gen.* **artis**), *3. f.*, art.

iussum, *2. n.*, order.

incŏlŭmis, **-e**, safe.

33

iussu, by the order.

carcer, (*gen.* **carcĕris**), *3. m.*, prison.

sordĭdātus, **-a**, **-um**, dressed in mourning.

vindex, (*gen.* **vindĭcis**), *3. c.*, champion.

ăpertē, openly.

vīs, (*acc.* **vim**, *abl.* **vī**), *3. f.*, force, violence.

plebs, (*gen.* **plēbis**), *3. f.*, the people.

pectus, (*gen.* **pectŏris**), *3. n.*, breast.

vulnus, (*gen.* **vulnĕris**), *3. n.*, wound.

sine, (*abl.*), without.

mīsĕrĭcordia, *1. f.*, pity.

saxum, *2. n.*, rock, stone; **saxum Tarpeium**, the Tarpeian rock.

dēmitto, **-ĕre**, **dēmīsi**, **dēmissum**, (*3*), I throw down.

34

artĭfex, (*gen.* **artĭfĭcis**), *3. c.*, artist, craftsman.

fingo, **-ĕre**, **finxi**, **fictum**, (*3*), I fashion, make.

āla, *1. f.*, wing.

impĕdio, (*4*), I hinder, shut in, surround.

āēr, (*acc.* **āĕra**, *gen.* **āĕris**), *3. m.*, air.

cēra, *1. f.*, wax.

dēlĭgo, (*1*), I fasten.

sōl, (*gen.* **sōlis**), the sun.

vŏlo, (*1*), I fly.

lĭquesco, (*3*), I melt.

poena, *1. f.*, punishment; **poenas persolvo**, (+*genitive*), I pay the penalty of.

persolvo, **-ĕre**, **persolvi**, **persŏlūtum**, (*3*), I pay.

35

fīnio, (*4*), I finish.

ĭdentĭdem, again and again.

annus, *2. m.*, year.

rēs, *5. f.*, thing, affair, matter.

dissensio, (*gen.* **dissensiōnis**), *3. f.*, dissension, strife.

perturbo, (*1*), I throw into confusion, disturb.

respublĭca, (*gen.* **reīpublĭcae**), *f.*, state, republic.

postŭlatio, (*gen.* **postŭlātiōnis**), *3. f.*, demand.

rĕsisto, -ĕre, restĭti, restĭtum, (*3*), I resist (*dative*).

amplius, more, more than.

quingenti, -ae, -a, five hundred.

iūgĕrum, *2. n.*, acre.

possīdeo, -ēre, possēdi, possessum, (*2*), I possess.

contrā, (*adverb*), on the other hand.

praetor, -is, *3. m.*, praetor.

36

gĕner, *2. m.*, son-in-law.

mātrĭmōnium, *2. n.*, marriage; **in mātrĭmōnium dūco**, I marry.

currus, *4. m.*, chariot; **currūs** certāmen, chariot-race.

vinco, -ĕre, vīci, victum, (*3*), I conquer, defeat.

aurīga, *1. c.*, charioteer.

concĭlio, (*1*), I win over.

dīmĭdium, *2. n.*, half.

rēgius, -a, -um, royal.

axis, (*gen.* **axis**), *3. m.*, axle.

discindo, -ĕre, discĭdi, discissum, (*3*), I cut asunder.

foedus, -a, -um, disgraceful.

37

ĭdōneus, -a, -um, suitable.

magnĭtūdo, (*gen.* **magnĭtūdĭnis**), *3. f.*, size, great size.

stătio, (*gen.* **stătiōnis**), *3. f.*, outpost.

scūtum, *2. n.*, shield.

hasta, *1. f.*, spear.

sum, esse, fui, I am.

vĕnia, *1. f.*, permission.

prōcēdo, -ĕre, processi, processum, (*3*), I advance.

consĕro, -ĕre, consĕrui, consertum, (*3*), I join together; **mănum** *or* **mănūs consĕro**, I join battle.

corvus, *2. m.*, raven.

gălea, *1. f.*, helmet.

consīdo, -ĕre, consēdi, consessum, (*3*), I settle.

rostrum, *2. n.*, beak.

curro, -ĕre, cŭcurri, cursum, (*3*), I run.

lĕgio, (*gen.* **lĕgiōnis**), *3. f.*, legion.

intersum, interesse, interfui, I take part in (*dative*).

38

somnium, *2. n.*, dream.

occīdo, -ĕre, occīdi, occīsum, (*3*), I kill.

sŭpersum, superesse, superfui, I survive (*dative*).

dexter, dextra, dextrum, right, on the right hand; **dextrum cornu**, the right wing (*of an army*); **dextro cornu**, on the right wing.

sĭnister, sĭnistra, sĭnistrum, left, on the left hand; **sinistrum cornu,** the left wing (*of an army*); **sinistro cornu,** on the left wing.
praesum, praeesse, praefui, I command (*dative*).
paulātim, gradually.
cēdo, -ĕre, cessi, cessum, (*3*), I yield; **lŏco cēdo,** I yield from my position, give ground.
Mānes, (*pl.*), *3. m.*, ghosts; **di Mānes,** the gods of the world below.
dēvŏveo, -ēre, dēvōvi, dēvōtum, (*2*), I devote, consecrate.
insĭlio, -īre, insĭlui, (*4*), I leap.
ăcies, *5. f.*, line of battle.
invādo, -ĕre, invāsi, invāsum, (*3*) I make an attack.
nŭmĕrus, *2. m.*, number.
rĕdintegro, (*1*), I renew.
pauci, -ae, -a (*plural*), few.

39

clādes (*gen.* **clādis**), *3. f.*, disaster.
saltus, *4. m.*, pass.
campus, *2. m.*, plain.
altus, -a, -um, high.
impendeo, -ēre, impendi, (*2*), I overhang (*dative*).
saepio, -īre, saepsi, saeptum (*4*), I block up.
iūsiūrandum (*gen.* **iūrisiūrandi**), *n.*, oath.

40

sĕvērus, -a, -um, severe.
instĭtuo, -ĕre, -instĭtui, instĭtūtum, (*3*), I train.
ēdīco, -ĕre, edixi, edictum, (*3*), I proclaim.
extrā (*acc.*), outside.
ordo (*gen.* **ordĭnis**), *3. m.*, rank.
vel . . . vel, either . . . or.
pŭdŏr (*gen.* **pŭdōris**), *3. m.*, shame.
spŏlio, (*1*), I despoil.
spŏlium, *2. n.*, spoil; (*usually plural*, spoils).
tristis, -e, sad.
ūtĭlis, -e, useful.

41

proelium, *2. n.*, battle.
ĕlĕphantus, *2. m.*, elephant.
partim, partly.
ănĭmal, (*gen.* **animālis**), *3. n.*, animal.
ēlŏquentia, *1. f.*, eloquence.
quam, than.
dum, while (*with present indicative*).
sĕnātus, *4. m.*, senate.
concĭlium *2. n.*, assembly.

42

Thĕtis (*acc.* **Thĕtin,** *gen.* **Thĕtĭdis**), *3. f.*, Thetis.
pōmum, *2. n.*, apple.
mĕdia turba, the middle of the crowd.

inscrībo, -ĕre, inscripsi, inscriptum, (*3*), I inscribe.
ŏvis (*gen.* **ovis**), *3. f.*, sheep.
Īdaeus, -a, -um, of Ida; **mons Īdaeus,** Mount Ida.
pasco, -ĕre, pāvi, pastum, (*3*), I feed.
fēmĭna, *1. f.*, woman.
frāter, (*gen.* **frātris**), *3. m.*, **brother.**

43

transfŭga, *1. c.*, deserter.
făcĭlis, -e, easy.
ĕgo, I.
vĕnēnum, *2. n.*, poison.
perfĭdia, *1. f.*, treachery.
is, ea, id, that; he, she, it.
rĕdūco, -ĕre, rĕduxi, rĕductum, (*3*), I lead back.
sĭne (*abl.*), without.
prĕtium, *2. n.*, price, ransom.
tu, thou, you.
gĕnĕrōsus, -a, -um, generous.
indūtiae (*pl.*), *1. f.*, armistice.

44

se, himself (*reflexive*).
lătro (*gen.* **lătrōnis**), *3. m.*, robber.
crūdēlĭtas (*gen.* **crūdēlĭtatis**), *3. f.*, cruelty.
lectus, *2. m.*, bed.
brĕvis, -e, short.
longĭtūdo (*gen.* **longĭtūdĭnis**), *3. f.*, length.
tendo, -ĕre, tĕtendi, tentum, (*3*), I stretch.
abscīdo, -ĕre, abscīdi, abscisum, (*3*), I cut off.
viātor, -is, *3. m.*, traveller.
lăvo, -āre, lāvi, (*1*), I wash.
ictus, *4. m.*, blow.
flecto, -ĕre, flexi, flexum, (*3*), I bend.
vertex (*gen.* **verticis**), *3. m.*, top.
truncus, *2. m.*, trunk.
rĕmitto, -ĕre, rĕmīsi, rĕmissum, (*3*), I send back, let go.

45

Hispānia, *1. f.*, Spain.
Carthāgo (*gen.* **Carthāgĭnis**), *3. f.*, Carthage.
hīc, haec, hŏc, this.
Poenus, -a, -um, Punic, Carthaginian.
suus, -a, -um, his, her, their (*reflexive*).
orno, (*1*), I adorn.
ille, illa, illud, that.
dux (*gen.* **dŭcis**), *3. c.*, leader.
infans (*gen.* **infantis**), *3. c.*, infant, child.
pŏtens (*gen.* **pŏtentis**), powerful.
aemŭlus, -a, -um, rival.
Sȳrăcūsae (*pl.*), *1. f.*, Syracuse.

46

nonnullus, -a, -um, some.

intĕrior, -us, inner.
dŏmus, *4. f.*, house, home.
silva, *1. f.*, wood.
compello, (*1*), I address.
virga, *1. f.*, wand.
sūs (*gen.* **suis**), *3. c.*, pig.
verto, -ĕre, verti, versum, (*3*), I turn.
ĭter (*gen.* **ĭtinĕris**), *3. n.*, journey.
herba, 1. *f.*, herb.
forma, 1. *f.*, shape, form.

47

diffĭcultās (*gen.* **diffĭcultātis**), *3. f.*, difficulty.
ipse, ipsa, ipsum, himself, herself, itself.
rĕpello, -ĕre, reppŭli, repulsum, (*3*), I drive back.
īdem, eădem, ĭdem, the same.
classis (*gen.* **classis**), *3. f.*, fleet.
quŏque, also.
cŏlumna, 1. *f.*, column.
rostrātus, -a, -um, beaked.
quŏtiens, as often as, whenever.
tībīcen (*gen.* **tībīcinis**), *3. m.*, flute-player.
taeda, 1. *f.*, torch.
dēdūco, -ĕre, dēduxi, dēductum, (*3*), I lead back, escort.

48

poēta, *1. m.*, poet.
custōs, (*gen.* **custōdis**), *3. c.*, guardian.

sōpio, (*4*), I put to sleep.
dēscendo, -ĕre, descendi, descensum, (*3*), I descend.
Plūto (*gen.* **Plūtōnis**), *3. m.*, Pluto (the god of the lower world).
făcies, *5. f.*, face.
rĕtro, back, backwards.
contemno, -ĕre, contempsi, contemptum, (*3*), I despise.
dīlănio, (*1*), I tear to pieces.

49

expōno, -ĕre, expŏsui, expŏsĭtum, (*3*), I put forth ; (of troops) I land (*trans.*)
dēspēro, (*1*), I despair.
mercēnārius, -a, -um, mercenary.
qui, quae, quod, who, which.
quidam, quaedam, quoddam, a certain.
pĕrītus, -a, -um, skilled ; (*with genitive*) skilled in.
summus, -a, -um, highest, utmost.
dēligo, -ĕre, dēlēgi, dēlectum, (*3*), I choose.
mūto, (*1*), I change, exchange.
rĕdĭmo, -ĕre, rĕdēmi, rĕdemptum, (*3*), I buy back, ransom.

50

sors (*gen.* **sortis**), *3. f.*, lot.
nūper, lately.

Iuppiter (*gen.* **Iŏvis**), *3.* *m.*, Jupiter.

51

ob (*acc.*), on account of.
pullus, *2.* *m.*, chicken.
bĭbo, **-ĕre**, **bĭbi**, **bĭbĭtum**, (*3*), I drink.
longus, **a**, **-um**, long; **nāvis longa**, man-of-war.
ŏnĕrārius, **-a**, **-um**, of burden; **nāvis ŏnĕrāria**, transport ship.
centum, a hundred.
vīginti, twenty.
octingenti, **-ae**, **-a**, eight hundred.
duŏ, **duae**, **duo**, two.
trēs, **tria**, three.
tălentum, *2.* *n.*, a talent (*about £250*).

52

displĭceo, (*2*), I displease (*dative*).
crīnis (*gen.* **crīnis**), *3.* *m.*, hair.
serpens (*gen.* **serpentis**), *3.* *f.*, serpent.
lăpis (*gen.* **lăpĭdis**), *3.* *m.*, stone.
spĕcŭlum, *2.* *n.*, mirror.
falx (*gen.* **falcis**), *3.* *f.*, sickle.
ăvĕho, **-ĕre**, **ăvexi**, **ăvectum**, (*3*), I carry off.
Aethiops (*gen.* **Aethiŏpis**), *3.* *m.*, Ethiopian.
nĭmis, too much.

53

dēscisco, **-ĕre**, **descīvi**, (*3*), I revolt.
mĕmŏria, *1.* *f.*, memory; **mĕmŏriā tĕneo**, I hold in memory, remember.
adsum, **adesse**, **adfui**, I am present.
nŏvem, nine.
nātus, **-a**, **-um**, born; **nŏvem annos nātus**, nine years old.
implōro, (*1*), I implore.
oblīgo, (*1*), I bind.
nōnus, **-a**, **-um**, ninth.
multo, by much; **nec multo post**, and not long afterwards.

54

hūmānitas (*gen.* **hūmānĭtātis**), *3.* *f.*, kindness.
sex, six.
septĭmus, **-a**, **-um**, seventh.
intellĕgo, **-ĕre**, **intellexi**, **intellectum**, (*3*), I understand.
vŏluptas (*gen.* **vŏluptātis**), *3.* *f.*, pleasure.
dies, *5.* *c.* (*in pl.* *m.* *only*), day.
iūcundus, **-a**, **-um**, pleasant.
illūmĭno, (*1*), I light up, illuminate.
ĕnim (*second word in sentence*), for.
vīvo, **-ĕre**, **vixi**, **victum**, (*3*), I live.

55

turris, (*gen.* **turris**), *3.* *f.*, tower

octo, eight.
mensis (*gen.* **mensis**), *3. m.*, month.
ignis (*gen.* **ignis**), *3. m*, fire.
lībĕri (*pl.*), *2. m.*, children.
sŭper (*acc. or abl.*), above, over.
vester, vestra, vestrum, your.
prŏbo, (*1*), I approve of.
sīnus, *4. m.*, fold.
hīc, here.
ŭter, utra, utrum, which of two.

56

āthlēta, *1. m.*, athlete.
iŭvenca, *1. f.*, heifer.
quattuor, four.
stădium, *2. n.*, stadium.
ăliquando, once.
rīma, *1. f.*, cleft.
hio, (*1*), I gape open.
quĭdem, indeed.
nātūra, *1. f.*, nature, natural condition.
leo (*gen.* **leōnis**), *3. m.*, lion.

57

pĕdĕs (*gen.* **pĕdĭtis**), *3. m.*, foot-soldier; (*pl.*) infantry.
contendo, -ĕre, contendi, (*3*), I march, hasten.
Alpes (*gen.* **Alpium**), *3. f.*, the Alps.
măgis (*comparative of adverb* **magnŏpere**), more.
mĕmŏrābĭlis, -e, memorable.
ullus, -a, -um, any.
flūmen (*gen.* **flūmĭnis**), *3. n.*, river.
nix (*gen.* **nĭvis**), *3. f.*, snow.
agmen (*gen.* **agmĭnis**), *3. n.*, marching column.
dĕcimus, -a, -um, tenth.
summus mons, the top of the mountain.
undĕ, whence.
campus, *2. m.*, plain.
diffĭcĭlius (*comparative of adverb* **diffĭculter**), with more difficulty.
firmē, firmly.
ăcētum, *2. n.*, vinegar.
infundo, -ĕre, infūdi, infūsum, (*3*), I pour on.
octāvus, -a, -um, eighth.

58

lānifĭcus, -a, -um, of wool-work, of weaving.
tēla, *1. f.*, web.
texo, -ĕre, texui, textum, (*3*), I weave.
pĕrīte, skilfully.
ănus, *4. f.*, old woman.
ŏpus (*gen.* **ŏpĕris**), *3. n.*, work.
tantus, -a, -um, so great.
lăqueus, *2. m.*, noose, halter.
ărānea, *1. f.*, spider.

59

cōgo, -ĕre, coēgi, coactum, (*3*), I compel.

grăviter, seriously.

advĕnio, -īre, advēni, adventum, (*4*), I arrive.

incautius (*comparative of adverb* **incautē**), more incautiously, too incautiously.

proxĭmus, -a, -um, next.

turpis, -e, disgraceful.

tardē, slowly.

cautē, cautiously.

expĕdītus, -a, -um, light-armed.

fauces (*pl.*), *3. f.*, throat, entrance.

exĭtus, *4. m.*, exit.

hōra, *1. f.*, hour.

ācrĭter, fiercely.

pugnātum est (*impersonal*), it was fought, a battle was fought.

coepi, I began.

60

antīquus, -a, -um, ancient.

cūnae (*pl.*), *1. f.*, cradle.

iăceo, (*2*), I lie.

ēlīdo, -ĕre, ēlīsi, ēlīsum, (*3*), I strangle.

mens (*gen.* **mentis**), *3. f.*, mind.

ăliēno, (*1*), I estrange; **mentem aliēno** (*with genitive of person*), I drive mad.

iŭbeo, -ēre, iussi, iussum, (*2*), I order.

pĕrăgo, -ĕre, pĕrēgi, pĕractum, (*3*), I accomplish.

61

ŭterque, utraque, utrumque, each (of two).

lătus (*gen.* **lătĕris**), *3. n.*, side; **a latere, on the flank.**

tergum, *2. n.*, **back; a tergo, in the rear.**

quintus -a, -um, fifth.

cēno, (*1*), I dine.

mŏra, *1. f.*, delay.

vīdeor (*passive of* **video**), I seem

62

vallis, *3. f.*, valley.

tempus (*gen.* **tempŏris**), *3. n.*, time.

clāva, *1. f.*, club.

63

quam maxĭmē, as much as possible.

spes, *5. f.*, hope.

fortĭter, bravely.

64

pălus (*gen.* **pălūdis**), *3. f.*, marsh.

cresco, -ĕre, crēvi, cretum, (*3*), I grow.

subvĕnio, -īre, subvēni, subventum, (*4*), (*dative*), I come to the help of.

cancer (*gen.* **cancri**), *2. m.*, crab.

fīdus, -a, -um, faithful.

sĕpĕlio, -īre, sĕpĕlīvi, sĕpultum, (*4*), I bury.

65

quo, whither.
ŏdium, *2. n.*, hatred.
ăpud (*acc.*), with, at the court of.
ānŭlus, *2. m.*, ring.
sŏleo, **-ēre**, **solĭtus sum** (*2*), I am accustomed.
sexāginta, sixty.

66

nympha, *1. f.*, nymph.
cervus, *2. m.*, stag.
permŏveo, **-ēre**, **permōvi**, **permotum** (*2*), I move, stir.
ăvis, *3. f.*, bird.
expello, **-ĕre**, **expŭli**, **expulsum** (*3*), I drive out, expel.
sistrum, *2. n.*, rattle.
ut (*with indicative*), as.
pello, **-ĕre**, **pĕpŭli**, **pulsum** (*3*), I drive.

67

indīco, **-ĕre**, **indixi**, **indictum** (*3*), I proclaim; **bellum indīco** (*with dative*), I declare war on.
collis (*gen.* **collis**), *3. m.*, hill.
cum (*with subjunctive*), since, when.
pŏtestās (*gen.* **pŏtestātis**), *3. f.*, power.

68

ăper (*gen.* **apri**), *2. m.*, boar.
rēte (*gen.* **rētis**), *3. n.*, net.
cădus, *2. m.*, cask.
vīnum, *2. n.*, wine.
ŏdŏr (*gen.* **ŏdōris**), *3. m.*, smell.
vĕnēnātus, **-a**, **-um**, poisoned.

69

sŭperbus, **-a**, **-um**, proud, haughty.
trīginta, thirty.
pertĭnācia, *1. f.*, obstinacy.

70

ĕqua, *1. f.*, mare.
dŏmĭnus, *2. m.*, master.
mansuesco, **-ĕre**, **mansuēvi**, **mansuētum** (*3*), I become tame.
fĕra, *1. f.*, wild beast.
zōna, *1. f.*, girdle.

71

perpĕtuus, **-a**, **-um**, perpetual, continuous.
externus, **-a**, **-um**, foreign.
ădeo, to such an extent, so.
ut (*with subjunctive*), that, so that (*as a consequence*).
păr (*gen.* **păris**), equal.
fĕrē, almost, for the most part.
nōbĭlis, **-e**, noble.
mercātŏr (*gen.* **mercatōris**), *3. m.*, merchant.
importo (*1*), I import.

vendo, -ĕre, vendĭdi, vendĭtum (*3*), I sell.

prōsum, prōdesse, prōfui (*dative*), I benefit; (*impersonally*) **prodest**, it is profitable.

agrĭcōla, *1. m.*, farmer.

72

gīgas (*acc.* **gīganta,** *gen.* **gīgantis**), *3. m.*, giant.

magnŏpĕre, greatly.

ardŏr, (*gen.* **ardōris**), *3. m.*, heat.

linter (*gen.* **lintris**), *3. f.*, boat.

ūnā, together.

73

ut (*with subjunctive*), that, in order that (*expressing a purpose*).

intercēdo, -ĕre, intercessi, intercessum (*3*) (*dative*), I veto.

trĭbūnātus, *4. m.*, tribunate, office of tribune.

lĭcet (*2*) (*impersonal*), it is allowed.

74

hortus, *2. m.*, garden.

sĭtus, *4. m.*, position, situation.

caelum, *2. n.*, heaven, the heavens.

ŏnus, (*gen.* **ŏnĕris**), *2. n.*, burden.

restĭtuo, -ĕre, restĭtui, restĭtūtum, (*3*), I restore.

75

ūtor, -i, ūsus sum (*deponent*) (*3*), I use, (*abl.*).

arcesso, -ĕre, arcessīvi, arcessītum (*3*), I summon.

consōbrīnus, -i, *2. m.*, **cousin.**

cōnor (*deponent*) (*1*), I try.

fămes (*gen.* **fămis**), *3. f.*, hunger, starvation.

76

vacca, *1. f.*, **cow.**

sĕquor, -i, secūtus sum (*deponent*) (*3*), I follow.

dĕcumbo, -ĕre, dĕcŭbui (*3*), I lie down.

quinque, five.

ŏrīgo (*gen.* **ŏrīginis**), *3. f.*, origin.

77

obscūrus, -a, -um, obscure.

pŏpŭlāris, -e, of the people; **populares,** the democrats.

praefĭcio, -ĕre, praefēci, praefectum (*3*) (*dative*), I appoint to the command of.

fŭgio, -ĕre, fūgi, fŭgĭtum (*3*), I flee.

caedes (*gen.* **caedis**), *3. f.*, slaughter.

sălūto (*1*), I greet.

morbus, *2. m.*, illness.

mŏrior, -i, mortuus sum (*deponent*) (*3*), I die.

78

corrĭpio, -ĕre, corrĭpui, correptum (*3*), I seize.

79

vŏlo, velle vŏlui, I wish.

prŏficiscor, -i, profectus sum (*3*), I set out.

quoad, as far as.

possum, posse, pŏtui, I am able.

mĭnuo, -ĕre, mĭnui, mĭnūtum (*3*), I diminish.

rĕcĭpio, -ĕre, recēpi, receptum (*3*), I take back; **me rĕcĭpio**, I betake myself, go, retreat.

80

stīpĕs (*gen.* **stīpĭtis**), *3. m.*, stake.

ultĭmus, -a, um, last.

81

spectācŭlum, *2. n.*, show.

glădiātŏr (*gen.* **gladiatōris**), *3. m.*, gladiator.

nōlo, nolle, nolui, I am unwilling.

mālo, malle, mālui, I prefer.

multĭtūdo (*gen.* **multĭtūdĭnis**), *3. f.*, multitude.

confĭcio, -ĕre, confēci, confectum (*3*), I finish, put an end to.

82

frons (*gen.* frontis), *3. f.*, forehead.

ēgrĕdior, -i, egressus sum (*deponent*) (*3*), I go out.

ărĭēs (*gen.* **ărĭĕtis**), *3. m.*, ram.

venter (*gen.* **ventris**), *3. m.*, belly.

83

aufĕro, auferre, abstŭli, ablātum (*compound of* **fero**), I take away; (*with dative*), I take away from.

fĕro, ferre, tŭli, lātum (*irregular*), I bear; **lēgem fĕro**, I propose a law.

transeo, transīre, transīvi *or* **-ii, transĭtum** (*compound of* **eo**), I cross.

eo, īre, īvi *or* **ii, ĭtum** (*irregular*), I go.

Hiĕrŏsŏlўma (*plural*), *2. n.*, Jerusalem.

căpio, -ĕre, cēpi, captum (*3*), I take, capture.

rĕdeo, redīre, redīvi *or* **-ii, redĭtum** (*compound of* **eo**), I return.

84

conscendo, -ĕre, conscendi, conscensum (*3*), I embark on.

paulum, a little (*adverb*).

conĭcio, -ĕre, coniēci, coniectum (*3*), I throw.

făcio, -ĕre, fēci, factum (*3*), I do, make.

nē (*with subjunctive*), let . . . not, may . . . not, lest.

85

fīo, fiĕri, factus sum (*passive of* **făcio**) (*irregular*), I am made; happen, take place.

ōrātŏr (*gen.* **ōrātōris**), *3. m.*, orator.

iūdĭcium, *2. n.*, judgment.

86

dīvĕs (*gen.* **dīvĭtis**), rich.
grăvis, -e, heavy, serious.
olvo, **-ĕre, volvi, vŏlūtum** (*3*), I roll (*transitive*); (*in passive*) I roll (*intransitive*).
īmus, -a, -um, lowest; **imus collis**, the bottom of the hill.

87

uxōri nuntium mittĕre (*with dative*), to send a message (i.e. *of divorce*) to a wife, *i.e.* to divorce a wife.
quis, quid, who? **what?**
-nĕ, *a particle showing that the sentence is interrogative; often joined with* **nōn**, *making* **nonne**, *which introduces a question to which the answer 'yes' is expected*: e.g. **nonne monet?** *does he not advise?*
cūr, why?
num, *a particle introducing a question to which the answer 'no' is expected*: e.g. **num monet**, *does he really advise?*
indignus, -a, -um, unworthy; (*with ablative*), unworthy of.
ōrātio (*gen.* **ōrātiōnis**), *3. f.*, speech.

88

Āthēniensis, -e, Athenian.
beātus, -a, -um, happy.
pŭto (*1*), I think.

89

concordia, *1. f.*, harmony.
mōs (*gen.* **mōris**), *3. m.*, custom.
prōvincia, *1. f.*, province.
consŭlāris, -e, consular; (*as noun*), ex-consul.

90

priusquam, before, until.
mălum, *2. n.*, evil.
opprīmo, **-ĕre, oppressi, oppressum** (*3*), I overwhelm.
Persae, (*plural*), *1. m.*, Persians.

91

fīnis (*gen.* **fīnis**), *3. m.*, end; (*plural*) boundaries.
sĕcundus, -a, -um, second.
prōrŏgo (*1*), I extend.

92

concrĕmo (*1*), I burn.
rŏgus, *2. m.*, pyre.
impōno, **-ĕre, impŏsui, impŏsĭtum** (*3*), I place upon.
succendo, **-ĕre, succendi, succensum** (*3*), I set fire to, kindle.
restinguo, **-ĕre, restinxi, restinctum** (*3*), I extinguish.
ĭgĭtur (*second word in clause*), therefore.

93

pons (*gen.* **pontis**), *3. m.*, bridge.
mŏror (*deponent*) (*1*), I delay.
rescindo, -ĕre, rescĭdi, rescissum (*3*), I break down.
Brĭtannus, *2. m.*, a Briton.
accĭpio, -ĕre, accēpi, acceptum (*3*), I receive.

94

coerceo (*2*), I check.
cursus, *4. m.*, course.
fulmen (*gen.* **fulmĭnis**), *3. n.*, lightning.
ēlectrum, *2. n.*, amber.

95

dīmitto, -ĕre, dīmīsi, dīmissum (*3*), I dismiss, disband.
cīvīlis, -e, civil.
plānē, clearly.
Rŭbĭco (*gen.* **Rŭbĭcōnis**), the Rubicon.
iăcio, -ĕre, iēci, iactum (*3*), I throw, cast.
ālea, *1. f.*, die.

96

no (*1*), I swim; **nando** (*gerund*), by swimming.
clēmentia, *1. f.*, mercy, clemency.
parco, -ĕre, pĕperci, parsum (*3*), I spare.
transfīgo, -ĕre, transfixi, transfixum (*3*), I pierce.
stătua, *1. f.*, statue.

GENERAL VOCABULARY

a, ab (*abl.*), from.

abscīdo, -ĕre, abscīdi, abscisum, (*3*), I cut off.

abstŭli, *perf. indic. of* **aufero.**

ablātus, *perf. partic. pass. of* **aufero.**

accĭpio, -ĕre, accēpi, acceptum (*3*), I receive.

accūso (*1*), I accuse, reproach.

ăcer, ācris, ācre, sharp, fierce.

ăcētum, *2. n.*, vinegar.

ăcies, *5. f.*, line-of-battle.

ācrĭter, fiercely.

ad, (*acc.*), to.

addo, -ĕre, addĭdi, addĭtum (*3*), I add.

ădeo, so, to such an extent.

adiungo, -ĕre, adiunxi, adiunctum (*3*), I join.

adiŭvo, -āre, adiūvi, adiūtum (*1*), I help.

admĭnistro (*1*), I administer.

adsum, adesse, adfui, I am present.

advĕna, *1. c.*, stranger.

advĕnio, -īre, advēni, adventum (*4*), I arrive.

adventus, *4. m.*, arrival.

aedĭfĭco (*1*), I build.

aemŭlus, *2. m.*, a rival.

Aeneădes, *1. m.*, descendant of Aeneas.

aēneus, -a, -um, of bronze.

aēnum, *2. n.*, cauldron.

āēr, (*acc.* **āĕra,** *gen.* **āĕris**), *3. m.*, air.

aetās (*gen.* **aetātis**), *3. f.*, age.

Aethiops (*gen.* **Aethiŏpis**), *3. m.*, Ethiopian.

ăger (*gen.* **agri**), *2. m.*, field, territory, land; *pl.* territories.

agger (*gen.* **aggĕris**), *3. m.*, mound.

agmen (*gen.* **agmĭnis**), *3. n.*, column (of soldiers on the march), line of march.

ăgo, -ĕre, ēgi, actum (*3*), I drive, do, carry on; **triumphum ăgo,** I celebrate a triumph.

agrĭcŏla, *1. m.*, farmer.

āla, *1. f.*, wing.

ālea, *1. f.*, the die.

ălĭēno (*1*), I estrange.
ălĭquando, at some time, once.
ălĭquot, some.
ălius, -a, -ud, other; **ălius** . . . **ălius,** one . . . another; **ălii** . . . **ălii,** some . . . others.
Alpes (*pl.*), *3. f.*, the Alps.
alter, -a, -um, the other, second, one *or* other of two; **alter** . . . **alter,** one . . . the other.
altus, -a, -um, high, deep.
ămīcĭtia, *1. f.*, friendship.
ămīcus, -a, -um, friendly; (*as noun*) ămīcus, a friend.
ămitto, -ĕre, **ămīsi, ămissum** (*3*), I lose.
ămo (*1*), I love.
ămŏr (*gen.* **ămōris**), *3. m.*, love.
amplius, more, more than.
angustus, -a, -um, narrow.
ănĭmus, *2. m.*, mind.
annus, *2. m.*, year.
anser (*gen.* **ansĕris**), *3. c.*, goose.
ante (*acc.*), before, in front of.
anteā, formerly, before.
antīquo (*1*), I reject (*a law*).
antīquus, -a, -um, old, ancient.
ănŭlus, *2. m.*, ring.
ănus, *4. f.*, old woman.
ăper (*gen.* **apri**), *2. m.*, boar.
ăpĕrio, -īre, **apĕrui, apertum** (*4*), I open.
ăpertē, openly.
appĕto, -ĕre, **appetīvi, appetītum** (*3*), I aim at, attack.
applĭco (*1*), I apply.
appōno, -ĕre, **appŏsui, appŏsĭtum** (*3*), I serve up.
ăpud (*acc.*), at the court of, before, at.
ăqua, *1. f.*, water.
āra, *1. f.*, altar.
ărānea, *1. f.*, spider.
ărātrum, *2. n.*, plough.
arbĭtrium, *2. n.*, authority, decision, will; **ad arbitrium,** according to the caprice *or* will.
arbŏr (*gen.* **arbŏris**), *3. f.*, tree.
arcesso, -ĕre, **arcessīvi, arcessītum** (*3*), I summon, send for.
ardeo, -ēre, **arsi, arsum** (*2*), I burn (*intrans.*).
ardŏr (*gen.* **ardōris**), *3. m.*, ardour, enthusiasm.
argentum, *2. n.*, silver.
Argŏnautae (*pl.*), *1. m.*, the Argonauts (the sailors of the ship *Argo*).
ăriēs (*gen.* **ăriĕtis**), *3. m.*, ram.
arma (*pl.*), *2. n.*, arms.
armātus, -a, -um, armed.
ăro (*1*), I plough.
ars (*gen.* **artis**), *3. f.*, art.
artĭfex (*gen.* **artĭficis**), 3. *c.*, artist, craftsman.
arx (*gen.* **arcis**), *3. f.*, citadel.

ascendo, -ĕre, ascendi, ascensum (*3*), I climb up, ascend.
Āthēnae (*pl.*), *1. f.*, Athens.
Āthēniensis, -e, Athenian.
āthlēta, *1. c.*, athlete.
auctōrĭtās (*gen.* **auctōrĭtātis**), *3. f.*, authority, influence.
audācia, *1. f.*, boldness, daring.
audio (*4*), I hear.
aufĕro, auferre, abstŭli, ablātum, I carry off, take away.
augeo, -ēre, auxi, auctum (*2*), I increase (*trans.*).
aureus, -a, -um, golden.
aurīga, *1. c.*, charioteer.
aurum, *2. n.*, gold.
aut, or; **aut . . . aut**, either . . . or.
autem (*second word in clause*), but, however, now, and.
auxĭlium, *2. n.*, help.
āvĕho, -ĕre, āvexi, avectum (*3*), I carry off, take away.
ăvis (*gen.* **avis**), *3. f.*, bird.
axis, *3. m.*, axle.

barba, *1. f.*, beard.
barbărus, -a, -um, barbarian.
bellum, *2. n.*, war.
bĕne, well.
bĕnĕfĭcium, *2. n.*, kindness.
bĭbo, -ĕre, bĭbi, bĭbĭtum (*3*), I drink.
bŏnus, -a, -um, good; *neut. pl.* **bona**, goods.
brĕvis, -e, short.
Brĭtanni (*pl.*), *2. m.*, the Britons.
Brĭtannia, *1. f.*, Britain.

cădo, -ĕre, cĕcĭdi, cāsum (*3*), I fall.
cădus, *2. m.*, cask.
caedes, *3. f.*, murder, slaughter.
caelum, *2. n.*, sky, heavens.
campus, *2. m.*, plain.
cancer (*gen.* **cancri**), *2. m.*, crab.
candĭdus, -a, -um, white.
cănis (*gen.* **cănis**), *3. c.*, dog.
căpio, -ĕre, cēpi, captum (*3*), I take; **consilium capio**, I form a plan.
Căpĭtōlium, *2, n.*, the Capitol (*citadel of Rome*).
captīvus, -a, -um, captive; (*as noun*) **captīvus**, *2. m.* prisoner.
capto (1), I catch, try to catch.
captus, -a, -um, captured.
căput (*gen.* **căpĭtis**), *3. n.*, head.
carcer (*gen.* **carceris**), *3. m.*, prison.
căro (*gen.* **carnis**), *3. f.*, flesh.
Carthāgo (*gen.* **Carthāgĭnis**), *3. f.*, Carthage.
cāsum, *supine of* **cădo**.
cauda, *1. f.*, tail.
causa, *1. f.*, cause; **causā** (*with genitive*), for the sake of.
cautē, cautiously.
cĕcĭdi, *perfect of* **cădo**.

cēdo, **-ĕre**, **cessi**, **cessum** (*3*), I yield; **lŏco cēdo**, I yield from my position, retreat.

cĕlĕbro (1), I celebrate.

cĕlĕrĭtās (*gen.* **cĕlĕrĭtātis**), *3. f.*, speed.

cēna, *1. f.*, supper, dinner, meal, feast.

cēno (*1*), I dine.

centum, a hundred.

cēpi, *perfect of* **căpio**.

cēra, *1. f.*, wax.

Cĕrēs (*gen.* **Cĕrĕris**), *3. f.*, Ceres.

certāmen (*gen.* **certāmĭnis**), *3. n.*, struggle.

cervus, *2. m.*, stag.

cessi, *perfect of* **cēdo**.

cĭbus, *2. m.*, food.

circum (*acc.*), around.

circumdo, **-āre**, **circumdĕdi**, **circumdătum** (*1*), I surround.

Circus, *2. m.*, the Circus Maximus.

cĭthăra, *1. f.*, lyre.

cīvīlis, **-e**, civil.

cīvis (*gen.* **cīvis**), *3. c.*, citizen, fellow-citizen.

cīvĭtās (*gen.* **cīvĭtātis**), *3 f.*, state.

clādes (*gen.* **clādis**), *3. f.*, disaster.

clam, secretly.

clāmo (1), I cry out, cry, exclaim, make a sound.

clāmŏr (*gen.* **clāmōris**), *3. m.*, shout.

classis (*gen.* **classis**), *3. f.*, fleet.

clāva, *1. f.*, club.

clēmentia, *1. f.*, mercy, kindness.

coerceo, **-ēre**, **coercui**, **coercĭtum** (*2*), I check.

coactus, **-a**, **-um**, *perfect participle of* **cōgo**.

coepi, I began.

cōgo, **-ĕre**, **coēgi**, **coactum** (*3*), I compel.

colligo, **-ĕre**, **collēgi**, **collectum** (*3*), I collect; **me colligo**, I collect myself, I recover.

collis (*gen.* **collis**), *3. m.*, hill.

collŏco, (*1*), I place.

cŏlo, **-ĕre**, **colui**, **cultum** (*3*), I cultivate.

cŏlōnia, *1. f.* colony.

cŏlui, *perfect of* colo.

cŏlumna, *1. f.*, column.

cŏmĕs (*gen.* **cŏmĭtis**), *3. c.*, companion.

commeo (*1*), I go, go to and fro.

compăro (*1*), I win, gain.

compello (*1*), I address.

concēdo, **-ĕre**, **concessi**, **concessum** (*3*), I grant, concede, yield.

concĭlio (*1*), I win over, conciliate.

concilium, *2. n.*, assembly, meeting.

concrĕmo (*1*), I burn.

concordia, *1. f.*, harmony, agreement.

condo, -ĕre, condĭdi, condĭtum (*3*), I found, compile, put together.

confectus, -a, -um, finished, worn out.

conficio, -ĕre, confēci, confectum (*3*), I finish.

confirmo (*1*), I establish, strengthen; **pācem confirmo**, I establish peace; **animos confirmo**, I embolden the hearts.

conicio, -ĕre, coniēci, coniectum (*3*), I throw.

coniūro (*1*), I conspire.

cōnor (*1*) (*dep.*), I try, attempt.

conscendo, -ĕre, conscendi, conscensum (*3*), I mount (*a horse*), I go on board (*a ship*).

consĕro, -ĕre, conserui, consertum (*3*), I join together; **mănum** *or* **mănus consĕro**, I engage in battle.

consīdo, -ĕre, consēdi, consessum (*3*), I settle, take up a position.

consilium, *2. n.*, plan, advice, stratagem, object; **consilium căpio**, I form a plan; **consilium habeo cum**, I confer with.

consōbrīnus, *2. m.*, cousin.

constĭtuo, -ĕre, constĭtui, constĭtūtum (*3*), I draw up, settle, decide.

consul (*gen.* **consŭlis**), *3. m.*, consul.

consŭlāris, -e, of *or* belonging to a consul; (*as noun*), an ex-consul.

contemno, -ĕre, contempsi, contemptum (*3*), I despise.

contendo, -ĕre, contendi (*3*), I march, hasten.

contrā (*acc.*), against.

contŭmēlia, *1. f.*, insult.

convīcium, *2. n.*, abuse.

convīvium, -i, *2. n.*, feast.

cōpiae (*pl.*), *1. f.*, forces.

cŏquo, -ĕre, coxi, coctum (*3*), I cook, boil.

cornu, *4. n.*, horn, wing (*of an army*).

corpus (*gen.* **corpŏris**), *3. n.*, body.

corrĭpio, -ĕre, corripui, correptum (*3*), I seize.

corvus, *2. m.*, raven.

cŏtīdie, every day.

coxi, *perfect of* **cŏquo**.

crās, to-morrow.

crēdo, -ĕre, crēdĭdi, crēdĭtum (*3*), I believe.

creo (*1*), I elect, appoint.

cresco, -ĕre, crēvi, crētum (*3*), I grow, increase (*intrans.*).

Crēta, *1. f.*, Crete.

crīmen (*gen.* **crīminis**), *3. n.*, charge.

crīnis (*gen.* **crīnis**), *3. m.*, hair.

crŏcŏdīlus, *2. m.*, crocodile.

crūdēlitas (*gen.* **crūdēlitātis**), *3. f.*, cruelty.

crūdēlīter, cruelly.

cruento (*1*), I stain (with blood).

cum, [I] (*preposition with ablative*), with.
[II] (*conjunction with subj.*), since, when, although.

cūnae (*pl.*), *1. f.*, cradle.

cŭnīcŭlus, *2. m.*, mine.

cūr, why?

Cūria, *1. f.*, senate-house.

currus, *4. m.*, chariot. [race

cursus, *4. m.*, course, speed,

custōdia, *1. f.*, care, custody, guardianship.

custōdio (*4*), I guard. [guard

custos (*gen.* **custōdis**), *3. c.*,

cŭtis, (*gen.* **cŭtis**), *3. f.*, skin.

damno, (*1*), I condemn.

dătus, -a, -um, *perfect participle passive of* **do**.

de (*abl.*), concerning, from.

dea, *1. f.*, goddess.

dĕcem, ten.

dĕcemviri, decemvirs.

dĕcet, **decēre**, **dĕcuit** (*impersonal*) (*3*), it is fitting.

dĕcimus, -a, -um, tenth.

dēcumbo, -ĕre, **dēcŭbui** (*3*), I lie down.

dĕdi, *perfect of* **do**.

dēdīco (*1*), I dedicate.

dēdūco, -ĕre, **dēduxi**, **dēductum** (*3*), I lead back, escort, draw down; **cŏlōniam dēdūco**, I plant a colony.

dēfendo, -ĕre, **dēfendi**, **dēfensum** (*3*), I defend.

dēleo, -ēre, **dēlēvi**, **dēlētum** (*2*), I destroy.

dēlīgo (*1*), I bind, fasten.

dēlĭgo, -ĕre, **dēlēgi**, **dēlectum** (*3*), I choose.

dēmitto, -ĕre, **dēmīsi**, **dēmissum** (*3*), I let down, throw down.

dēnīque, at last, finally.

dens (*gen.* **dentis**), *3. m.*, tooth.

dĕpōno, -ĕre, **dēpŏsui**, **dēpŏsĭtum** (*3*), I lay down.

descendo, -ĕre, **descendi**, **descensum** (*3*), I descend, come down.

descisco, -ĕre, **descīvi** (*3*), I revolt from.

dēsīdĕro (*1*), I desire, miss.

despēro (*1*), I despair.

dētrăho, -ĕre, **dētraxi**, **dētractum** (*3*), I draw off.

dēturbo (*1*), I dislodge.

deus, *2. m.*, god.

dēvŏveo, -ēre, dēvōvi, dēvōtum (*2*), I devote.

dexter, dextra, dextrum, on the right hand, right; (*as noun*) **dextra,** *1. f.*, right hand.

dīco, -ĕre, dixi, dictum (*3*), I say.

dictātŏr (*gen.* **dictātōris**), *3. m.*, dictator.

dies, *5. m.* (*c. in sing.*), day.

diffĭcilius, with greater difficulty.

diffĭcultās (*gen.* **diffĭcultātis**), *3. f.*, difficulty.

dīlănio (*1*), I tear in pieces.

dīligenter, diligently, carefully, punctually.

dīmĭdium, *2. n.*, half.

dīmitto, -ĕre, dīmīsi, dīmissum (*3*), I dismiss.

discēdo, -ĕre, discessi, discessum (*3*), I depart.

discindo, -ĕre, discĭdi, discissum (*3*), I cut asunder, tear asunder.

discĭplīna, *1. f.*, discipline.

discus, *2 m.*, quoit.

displĭceo (*2*), (*dative*), I displease.

dissensio (*gen.* **dissensiōnis**), *3. f.*, dissension, strife.

dissĕro, -ĕre, dissĕrui (*3*), I discuss.

diu, for a long time.

dīvĕs (*gen.* **dīvitis**), rich.

dīvĭdo, -ĕre, dīvīsi, dīvīsum (*3*), I divide.

dīvĭtiae (*pl.*), *1. f.*, riches.

dixi, *perfect of* **dīco.**

do, dăre, dĕdi, dătum (*1*), I give.

dŏceo, -ēre, dŏcui, doctum (*2*), I teach, train.

dŏlŏr (*gen.* **dŏlōris**), *3. m.*, pain, grief.

dŏmi, at home.

dŏmĭcilium, *2. n.*, dwelling, abode.

dŏmĭnus, *2 m.*, master.

dŏmus, *4. f.*, house, home.

dormio (*4*), I sleep.

drăco (*gen.* **drăcōnis**), *3. m.*, dragon.

dūco, -ĕre, duxi, ductum (*3*), I lead, guide.

dulcis, -e, sweet.

dum (*with present indicative*), while.

duŏ, duae, duo, two.

duŏdĕcim, twelve.

dūro (*1*), I last, endure.

duxi, *perfect of* **dūco.**

e, ex, (*abl.*), out of, from.

ĕburneus, -a, -um, of ivory.

ēdīco, -ĕre, ēdixi, ēdictum (*3*), I proclaim, issue a proclamation.

ĕdo, -ĕre, ēdi, ēsum (*3*), I eat.

ēgrĕdior, -i, ēgressus sum (*3*), I go out.

ēiusmŏdi, of that kind.

ēlectrum, *2 n.*, amber.

ĕlĕphantus, *2 m.*, elephant.

ēlīdo, -ĕre, ēlīsi, ēlīsum (*3*), I throttle, strangle, dash to pieces.

ēlŏquentia, *1. f.*, eloquence.

ēmitto, -ĕre, ēmīsi, ēmissum, (*3*), I send forth, discharge, shoot.

ĕmo, -ĕre, ēmi, emptum (*3*), I buy.

ēmŏlŭmentum, *2. n.*, profit, advantage.

eo [I], (*adverb*), thither.

[II], (*verb*), **īre, īvi, ītum** (*irreg.*), I go.

ĕnim (*second word in clause*), for.

ĕrant, were, there were.

ĕrat, was, there was.

erro (*1*), I wander.

ĕqua, *1. f.*, mare.

ĕquĕs (*gen.* **ĕquĭtis**), *3. m.*, horseman, knight; (*plur.*) cavalry; **magister equitum**, the Master of the Horse.

ĕquus, *2 m.*, horse; **ex equo** *or* **ex equis**, on horseback.

est, is, there is.

et, and, also, even; **et . . . et**, both . . . and.

ĕtiam, also, even.

ex (*see* **e**).

excēdo, -ĕre, excessi, excessum (*3*), I go out, go forth; **vītā excēdo**, I die.

excĭto (*1*), I arouse.

exemplum, *2 n.*, example.

exerceo (*2*), I practise, train, exercise.

exercĭtus, *4 m.*, army.

exinde, thenceforth.

exĭtium, *2. n.*, ruin, destruction.

exĭtus, *4. m.*, exit, way out.

expĕdītus, -a, -um, light-armed.

expello, -ĕre, expŭli, expulsum, (*3*), I drive out, expel.

explōro (*1*), I seek to find, explore.

expōno, -ĕre, expŏsui, expŏsĭtum (*3*), I put forth; (*of troops*) I land (*trans.*).

expugno (*1*), I take by storm, capture.

expŭli, *perfect of* **expello**.

exsĭlium, *2 n.*, exile.

expecto (*1*), I await, expect.

exsŭlo (*1*), I am in exile, I am an exile.

externus, -a, -um, foreign, outside.

extrā (*acc.*), outside.

Făbius, -a, -um, Fabian.

făbŭla, *1. f.*, fable, story.

făcies, *5. f.*, face.

făcĭlis, -e, easy.

făcio, -ĕre, fēci, factum (*3*), I make, do.

factum, *2. n.*, deed.

faelis, *3. f.*, cat.

Făliscus, -a, -um, of Falerii, Faliscan.

fallo, -ĕre, fĕfelli, falsum (*3*), I escape notice of, evade, deceive.

falsus, -a, -um, false; deceived.

falx (*gen.* **falcis**), *3. f.*, sickle, scythe.

fāma, *1. f.*, fame, glory, reputation.

fămes (*gen.* **fămis**), *3. f.*, hunger, starvation.

fauces (*pl.*), *3 f.*, throat, entrance.

fēci, *perfect of* **facio.**

fĕfelli, *perfect of* **fallo.**

fēlix (*gen.* **fēlicis**), happy, lucky, successful.

fēmina, *1. f.*, woman.

fĕra, *1. f.*, wild animal.

fĕrē, almost, for the most part.

fĕrinus, -a, -um, of animals.

fĕrio (*4*), I strike.

fĕro, ferre, tŭli, lātum (*irreg.*), I bear, endure, carry.

fessus, -a, -um, tired, weary.

fīdus, -a, -um, faithful, loyal.

fīlia, *1. f.*, daughter.

fīlius, *2. m.*, son.

fingo, -ĕre, finxi, fictum (*3*), I fashion, delineate.

fīnio (*4*), I finish, end.

fīnis (*gen.* **fīnis**), *3. m.*, end; (*pl.*) **fines**, territories, boundaries.

fīnitimus, -a, -um, neighbouring; (*as noun*) **finitimus**, *2. m.*, neighbour.

finxi, *perfect of* **fingo.**

fīo, fiĕri, factus sum (*irreg.*), I am made, become.

firmē, firmly.

flamma, *1. f.*, flame.

flecto, -ĕre, flexi, flexum, (*3*), I bend.

flōs, (*gen.* **flōris**), *3. m.*, flower.

flūmen, (*gen.* **flūminis**), *3. n.*, river.

fluo, -ĕre, fluxi, fluxum (*3*), I flow.

flŭvius, *2. m.*, river.

foedus [I] (*adjective*), **-a, -um**, foul, disgraceful.

[II] (*noun*) (*gen.* **foedĕris**), *3. n.*, treaty.

forma, *1. f.*, shape, form.

fortasse, perhaps.

forte, by chance.

fortis, -e, strong, brave.

fortĭter, bravely.

fŏrum, *2 n.*, forum, market-place.

frāter (*gen.* **frātris**), *3. m.*, brother.

fraus, (*gen.* **fraudis**), *3. f.*, fraud, deceit.

frons [I] (*gen.* **frondis**), *3. f.*, leaf.

[II] (*gen.* **frontis**), *3. f.*, brow.

frūmentum, *2. n.*, **corn.**

frustrā, in vain.

fŭga, *1. f.*, flight.

fŭgio, -ĕre, fūgi, fŭgitum (*3*), I fly, flee.

fŭgo (*1*), I put to flight.

fulmen (*gen.* **fulminis**), *3. n.*, lightning, thunderbolt.

fundus, *2. m.*, farm.

gălea, *1. f.*, helmet.

Gallia, *1. f.*, Gaul.

Gallicus, **-a**, **-um**, Gallic, of Gaul.

Gallus, *2. m.*, a Gaul.

gaudium, *2. n.*, joy.

gĕminus, *2. m.*, twin-brother.

gĕner, *2. m.*, son-in-law.

gĕnĕrōsus, **-a**, **-um**, noble, generous.

gens (*gen.* **gentis**), *3. f.*, family, clan, nation.

gĕnu, *4. n.*, knee.

gĕro, **-ĕre**, **gessi**, **gestum** (*3*), I carry on, bear, wear.

gigas (*gen.* **gigantis**), *3. m.*, giant.

glădiātŏr (*gen.* **glădiātōris**), *3. m.*, gladiator.

glădius, *2. m.*, sword.

Graecia, *1. f.*, Greece.

Graecus, *2. m.*, a Greek.

grātis, for nothing, gratuitously.

grăvis, **-e**, heavy, serious.

grăviter, seriously.

hăbeo (*2*), I have, hold, consider.

hăbito (*1*), I dwell.

hāmus, *2. m.*, hook.

hăruspex (*gen.* **hăruspicis**), *3. m.*, soothsayer.

hasta, *1. f.*, spear.

haud, not.

herba, *1. f.*, herb.

hic [I] **haec**, **hŏc**, this.
[II] (*adverb*), here.

Hiĕrŏsŏlўma, Jerusalem.

Hispānia, *1. f.*, Spain.

histŏria, *1. f.*, history.

hŏdie, to-day.

hŏmo (*gen.* **hŏminis**), *3. c.*, man, human being.

hŏnŏr (*gen.* **hŏnōris**), *3. m.*, honour, office; **in honore hăbeo**, I hold in honour.

hōra, *1. f.*, hour.

horrendus, **-a**, **-um**, horrible.

hortus, *2. m.*, garden.

hostia, *1. f.*, victim.

hostis, *3. c.*, enemy.

hūmānitas (*gen.* **hūmānitātis**), *3. f.*, kindness.

hūmānus, **-a**, **-um**, human.

hŭmĕrus, *2. m.*, shoulder.

hŭmi, on the ground.

iăceo (*2*), I lie, lie down.

iăcio, **-ĕre**, **iēci**, **iactum** (*3*), I throw.

iacto (*1*), I throw.

iăcŭlum, *2. n.*, dart.

iam, now, already; **non iam**, no longer; **nec iam**, and no longer.

ibī, there.

ictus, *4. m.*, blow.

īdem, **eădem**, **idem**, the same.

identĭdem, again and again.

idōneus, -a, -um, suitable.

ignāvus, -a, -um, cowardly, lazy.

igĭtur (*second word in clause*), therefore.

ignis (*gen.* **ignis**), *3. m.*, fire.

ignōro (*1*), I do not know.

ille, illa, illud, that; (*as pronoun*), he, she, it.

illūmĭno, (*1*), I light up, illuminate.

imāgo, (*gen.* **imāgĭnis**), *3. f.*, reflection, image.

imber (*gen.* **imbris**), *3. m.*, rain, shower.

immitto, -ĕre, **immīsi**, **immissum** (*3*), I hurl against, put into.

immŏlo (*1*), I sacrifice.

immortālis, -e, immortal.

immōtus, -a, -um, motionless, immovable, unmoved.

impĕdio (*4*), I hinder, entangle, surround.

impendeo, -ēre, **impendi**, (*2*), I overhang (*dative*).

impĕrātŏr (*gen.* **impĕrātōris**), *3. m.*, general.

impĕrium, *2. n.*, chief command, rule, empire, control, office.

impĕtus, *4. m.*, attack.

implōro (*1*), I implore.

impōno, -ĕre, **impŏsui**, **impositum** (*3*), I place on.

importo (*1*), I import.

imprŏbus, -a, -um, wicked, bad.

īmus, -a, -um, lowest; **imus collis**, the bottom of the hill.

in (*abl.*), in, on; (*acc.*) against, into, on to.

incautē, incautiously, carelessly.

incendium, *2. n.*, fire.

incendo, -ĕre, **incendi**, **incensum** (*3*), I set fire to, burn.

incĭdo, -ĕre, **incĭdi** (*3*), I fall upon, fall into.

incŏla, *1. c.*, inhabitant.

incŏlŭmis, -e, safe.

inde, thence.

indĭco (*1*), I show, reveal.

indīco, -ĕre, **indixi**, **indictum** (*3*), I declare; **bellum indīco** (*with dative*), I declare war against.

indūtiae (*pl.*), *1. f.*, armistice.

infans (*gen.* **infantis**), *3. c.*, infant.

infēlix (*gen.* **infēlīcis**), unfortunate, unlucky.

infīgo, -ĕre, **infixi**, **infixum** (*3*), I drive into.

infirmĭtās (*gen.* **infirmĭtātis**), *3. f.*, weakness.

infirmus, -a, -um, weak.

informo (*1*), I train.

infundo, -ĕre, **infūdi**, **infūsum** (*3*), I pour into.

ingens (*gen.* **ingentis**), huge, great.

ingrātus, -a, -um, ungrateful; displeasing.

iniūria, *1. f.*, wrong, injury.

inhŏnestus, -a, -um, dishonourable, disgraceful.

inimīcus, -a, -um, unfriendly, hostile; (*as noun*) **inimīcus,** *2. m.*, enemy.

inīquus, -a, -um, unfair, unjust.

inquit, he says, he said; **inquiebant,** they said.

innŏcens (*gen.* **innŏcentis**), innocent.

inŏpia, *1. f.*, scarcity, want.

inscrībo, -ĕre, inscripsi, inscriptum (*3*), I inscribe.

insīdiae (*pl.*), *1. f.*, ambush.

insignis, -e, remarkable, famous; (*n. pl. as noun*) **insignia,** badges.

insĭlio, -īre, insilui (*4*), I leap onto.

insŏlens (*gen.* **insŏlentis**), insolent.

instĭtuo, -ĕre, instĭtui, instĭtūtum (*3*), I institute, train.

insŭla, *1. f.*, island.

intellĕgo, -ĕre, intellexi, intellectum (*3*), I understand.

inter (*acc.*), among, between; **inter se,** with each other, mutually.

intercēdo, -ĕre, intercessi, intercessum (*3*), I veto.

intĕreā, meanwhile.

intĕriŏr (*gen.* **interiōris**), interior, inner.

interrŏgo (*1*), I ask, ask a question, enquire.

intersum, interesse, interfui (*dative*), I take part in.

intrā (*acc.*), within.

intrĕpĭdus, -a, -um, fearless, intrepid.

intro (*1*), I enter.

invādo, -ĕre, invāsi, invāsum (*3*), I attack.

invĕnio, -īre, invēni, inventum (*4*), I find, discover.

investīgo (*1*), I search.

invĭdia, *1. f.*, envy, jealousy.

Iŏvis, *genitive of* **Iuppiter.**

ipse, ipsa, ipsum, self.

īra, *1. f.*, anger.

irātus, -a, -um, angry.

ĭta, thus, in this way, in such a way.

Ĭtălia, *1. f.*, Italy.

ĭtăque, therefore, and so.

ĭter (*gen.* **itĭnĕris**), *3. n.*, journey, march; **in itĭnĕre,** on the march, on the way.

ĭtĕrum, again.

itĭnĕris, *genitive of* **iter.**

iŭbeo, -ēre, iussi, iussum (*2*), I order.

iūcundus, -a, -um, pleasant.

iūdex (*gen.* **iūdĭcis**), *3. c.*, judge.

iūdĭcium, *2. n.*, trial, judgment.

iūdĭco (*1*), I judge.

iūgĕrum, *2. n.*, acre.

iŭgum, *2. n.*, yoke.

iungo, -ĕre, iunxi, iunctum (*3*), I join.

Iūno (*gen.* **Iūnōnis**), *3. f.*, Juno.

Iuppiter (*gen.* **Iŏvis**), *3 m.*, Jupiter.

iūs (*gen.* **iūris**), *3. n.*, right, privilege, law, justice.

iusiūrandum (*gen.* **iūrisiūrandi**), *n.* oath.

iussu, by order.

iussum, *2. n.*, an order.

iussus, **-a**, **-um**, *perfect participle passive of* **iŭbeo.**

iustus, **-a**, **-um**, just.

iūvenca, *1. f.*, heifer.

iūvĕnis (*gen.* **iūvĕnis**), *3. m.*, young man.

lăbor (*gen.* **lăbōris**), *3. m.*, labour, toil, work.

lăbōro (*1*), I work.

lăbўrinthus, *2. m.*, labyrinth.

Lăcĕdaemŏnius, **-a**, **-um**, Lacedaemonian.

lăcrĭma, *1. f.*, tear.

lăcus, *4. m.*, lake.

lānĭfĭcus, **-a**, **-um**, of weaving, of wool-work.

lăpis (*gen.* **lăpĭdis**), *3. m.*, stone.

lăqueus, *2. m.*, noose, halter.

lātē, far and wide.

lătĕbrae (*pl.*), *1. f.*, hiding-place.

lăteo (2), I lie hid.

lātŏr (*gen.* **lātōris**), *3. m.*, proposer.

lătro (*gen.* **lătrōnis**), *3. m.*, robber, brigand.

lātus, **-a**, **-um**, [I], broad.
[II] *perfect participle passive of* **fĕro.**

laudo (*1*), I praise.

lăvo (*1*), I wash.

lectus, *2. m.*, couch, bed.

lēgātus, *2. m.*, ambassador, envoy ; lieutenant-general.

lĕgio (**lĕgiōnis**), *3. f.*, legion.

leo (*gen.* **leōnis**), *3. m.*, lion.

lex (*gen.* **lēgis**), *3. f.*, law.

lĭbenter, willingly.

lĭber (*gen.* **libri**), *2. m.*, book.

līber, **-a**, **-um**, free.

līberālĭtās (*gen.* **līberālĭtātis**), *3. f.*, generosity.

līberi (*pl.*), *2. m.*, children.

līběro (*1*), I set free.

lībra, *1. f.*, pound.

lĭcet (*impersonal*) (*2*), it is allowed.

ligneus, **-a**, **-um**, wooden.

linter (*gen.* **lintris**), *3. f.*, boat.

lĭquesco (3), I melt.

littĕra, *1. f.* letter (*of the alphabet*) ; (*pl.*) **littĕrae**, literature.

lŏcus, *2. m.*, place, position ; (*n. pl.*) **lŏca**, places.

longĭtūdo (*gen.* **longĭtūdinis**), *3. f.*, length.

longus, **-a**, **-um**, long ; **nāvis longa**, warship.

lūdo, -ĕre, lūsi, lūsum (*3*), I play; (*with abl. of musical instrument*), I play on.
lūdus, *2. m.*, game.
lux (*gen.* **lūcis**), *3. f.*, light; **prīma luce**, at dawn.

măgĭcus, -a, -um, magic.
măgis, more (*adverb*).
măgister (*gen.* **măgistrī**), *2. m.*, master, schoolmaster, professor; **măgister ĕquĭtum**, the Master of the Horse.
măgistrātus, *4. m.*, magistrate.
magnitūdo (*gen.* **magnitūdinis**), *3. f.*, size.
magnŏpĕre, greatly.
magnus, -a, -um, great, large, loud.
māior, -us (*comparative* of **magnus**), greater.
mălum, *2. n.*, evil.
mălus, -a, -um, bad, wicked.
mando (*1*), I entrust, commit.
măneo, -ēre, mansi, mansum (*2*), I wait, remain, await.
Mānes (*pl.*), the gods of the world below, the world below.
mansi, *perfect of* **măneo**.
mansuesco, -ĕre, mansuēvi, mansuetum (*3*), I become tame.
mănus, *4. f.*, hand, band; **mănum** *or* **mănus consĕro**, I engage in battle.
măre (*gen.* **măris**), *3. n.*, sea.
māter (*gen.* **mātris**), *3. f.*, mother.
mātrĭmōnium, *2. n.*, marriage; **in mātrĭmōnium dūco**, I marry.
maxĭmus, -a, -um (*superlative of* **magnus**), greatest, very great.
me (*accusative of* **ego**), me.
mĕdius, -a, -um, middle; **in media urbe**, in the middle of the city; **media nocte**, at midnight.
mĕlior, -us (*comparative of* **bonus**), better.
membrum, *2. n.*, limb.
mĕmŏrābĭlis, -e, memorable.
mĕmŏria, *1. f.*, memory; **mĕmŏria tĕneo**, I remember.
mens (*gen.* **mentis**), *3. f.*, mind.
mensis (*gen.* **mensis**), *3. m.*, month.
mercātŏr (*gen.* **mercātōris**), *3. m.*, merchant.
mercātūra, *1. f.*, trade.
mercēnārius, -a, -um, mercenary.
mīlĕs (*gen.* **mīlĭtis**), *3. m.*, soldier.
mīlia (*plural of* **mille**), thousands.
mīlĭtia, *1. f.*, warfare.
mille, a thousand.
minae (*pl.*), *1. f.*, threats

mĭnĭmē (*superlative adverb*), least, very little, by no means.

mĭnĭmus, -a, -um (*superlative of* **parvus**), very small, smallest.

mĭnister (*gen.* **mĭnistri**), *2. m.*, attendant, servant.

mĭnor, -us (*comparative of* **parvus**), smaller.

mĭnus (*comparative adverb*), less.

mīrus, -a, -um, strange, wonderful.

mĭser, mĭsĕra, mĭsĕrum, wretched, miserable.

mĭsĕrĭcordia, *1. f.*, pity, compassion.

mitto, -ĕre, mīsi, missum (*3*), I send.

mŏneo (*2*), I advise, warn.

mons (*gen.* **montis**), *3. m.*, mountain.

monstrum, *2. n.*, monster.

mŏra, *1. f.*, delay.

morbus, *2. m.*, disease, illness.

mŏrior, mori, mortuus sum (*3*), I die.

mŏror (*1*) (*dep.*), I delay, stay.

mors (*gen.* **mortis**), *3. f.*, death.

mortuus, -a, -um (*perfect participle of* **mŏrior**), dead.

mōs (*gen.* **mōris**), *3. m.*, custom.

mŏveo, -ēre, mōvi, mōtum (*2*), I move, arouse, stir.

mox, soon, later.

multĭtūdo (*gen.* **multĭtūdĭnis**), *3. f.*, multitude.

multus, -a, -um, much, many; **multo**, by much, much; **multo post**, long afterwards, (*literally*, after by much).

mūnio (*4*), I fortify.

mūnus (*gen.* **mūnĕris**), *3. n.*, gift.

mūrus, *2. m.*, wall.

Mūsa, *1. f.* Muse.

mūto (1), I change, exchange.

nam, for.

narro (*1*), I narrate.

nātūra, *1. f.*, nature.

nātus, -a, -um (*perfect participle of* **nascor**), born; **dĕcem annos nātus**, ten years old.

nāvĭgo (*1*), I sail.

nāvis (*gen.* **nāvis**), *3. f.*, ship.

nē, lest.

-nĕ. *See vocabulary* 87.

nec. *See* **neque**.

nĕco (*1*), I kill.

neglĕgo, -ĕre, neglexi, neglectum (*3*), I neglect.

nēmo (*acc.* **nēmĭnem**), *3.*, no one.

nĕque (**nec**), and not, nor; **nĕque** (**nec**) . . . **nĕque** (**nec**), neither . . . nor; **nĕque tămen**, but . . . not.

nihil, nothing.

Nīlus, *2. m.*, the Nile.

nĭmis, too much.
nĭsĭ, unless, if not.
nix (*gen.* **nĭvis**), *3. f.*, snow.
nixus, -a, -um, *perfect participle of* **nītor**; leaning on.
no (*1*), I swim.
nōbĭlis, -e, noble.
noctu, by night.
nōlo, nolle, nōlui (*irreg.*), I am unwilling.
nōmen (*gen.* **nōmĭnis**), *3. n.*, name.
nōn, not; **nōn iam**, no longer.
nondum, not yet.
nonne (*see vocabulary* 87).
nonnullus, -a, -um, some.
nōnus, -a, -um, ninth.
nŏto (*1*), I mark, brand.
nōtus, -a, -um, known.
nŏvem, nine.
nŏvus, -a, -um, new, fresh.
nox (*gen.* **noctis**), *3. f.*, night.
nūdo (*1*), I strip, bare.
nullus, -a, -um, no.
num (*see vocabulary 87*).
nŭmĕrus, *2. m.*, number.
nuntio (*1*), I announce, report.
nuntius, *2. m.*, messenger.
nūper, lately.
nympha, *1. f.*, nymph.

ob (*acc.*), on account of.
oblĭgo (*1*), I bind.
obscūrus, -a, -um, dark, obscure.
obsĕs (*gen.* **obsĭdis**), *3. c.*, hostage.
obsĭdeo, -ēre, obsēdi, obsessum (*2*), I besiege.
occīdo, -ĕre, occīdi, occīsum (*3*), I kill.
occŭpo (*1*), I seize.
occurro, -ĕre, occurri, occursum (*3*), I meet (*dative*).
octāvus, -a, -um, eighth.
octingenti, -ae, -a, eight hundred.
octo, eight.
ŏcŭlus, *2. m.*, eye.
ŏdium, *2. n.*, hatred.
ŏdŏr (*gen.* **ŏdōris**), *3. m.*, smell.
ōlim, once upon a time, formerly.
omnīno, altogether, at all.
omnis, -e, all, the whole.
ŏnĕrārius, -a, -um (*with 'ship'*), of burden.
ŏnus (*gen.* **ŏnĕris**), *3. n.*, burden.
oppĕto, -ĕre, oppĕtīvi, oppĕtītum (*3*), I meet.
oppĭdum, *2. n.*, town.
opprĭmo, -ĕre, oppressi, oppressum (*3*), I overwhelm, surprise.
oppugno (*1*), I attack.
optĭmus, -a, -um (*superlative of* **bŏnus**), best, very good, excellent.
ŏpus (*gen.* **ŏpĕris**), *3. n.*, work, task.
ōra, *1. f.*, coast.
ōrācŭlum, *2. n.*, oracle.
ōrātio (*gen.* **ōrātiōnis**), *3. f.*, speech.

ōrātōr (*gen.* **ōrātōris**), *3. m.*, orator.

ordo (*gen.* **ordĭnis**), *3. m.*, order, rank.

ŏrīgo (*gen.* **ŏrīgĭnis**), *3. f.*, origin, source.

orno (*1*), I adorn.

ŏs (*gen.* **ossis**), *3. n.*, bone.

ōs (*gen.* **ōris**), *3. n.*, face, mouth.

ostendo, -ĕre, ostendi, ostentum (*3*), I show, set forth, display.

ŏvis (*gen.* **ŏvis**), *3. f.*, sheep.

pălus (*gen.* **pălūdis**), *3. f.*, marsh.

pānis (*gen.* **pānis**), *3. m*, bread.

păr (*gen.* **păris**), equal.

părātus, -a, -um, ready, prepared.

parco, -ĕre, **pĕperci, parsum** (*3*), I spare (*dative*).

pāreo (*2*), I obey (*dative*)

păro (*1*), I prepare.

pars (*gen.* **partis**), *3. f.*, part.

partim, partly.

părum, not enough, too little, insufficiently, not.

parvus, -a, -um, small, little; parvo, at a small price.

pasco, -ĕre, **pāvi, pastum** (*3*), I feed.

pătria, *1. f.*, country, native country.

pătrĭcius, -a, -um, patrician.

pătruus, *2. m.*, uncle.

pauci, -ae, -a (*pl.*), few.

paulātim, gradually, little by little.

paulum, a little.

pauper (*gen.* **paupĕris**), poor.

pax (*gen.* **pācis**), *3. f.*, peace.

pectus (*gen.* **pectŏris**), *3. n.*, breast.

pĕcūnia, *1. f.*, sum of money.

pĕcus (*gen.* **pĕcŏris**), *3. n.*, flock, herd.

pĕcus (*gen.* **pĕcŭdis**), 3. *f.*, beast; (*pl.*) cattle.

pĕdĕs (*gen.* **pĕdĭtis**), *3. m.*, foot-soldier; (*pl.*) infantry.

pello, -ĕre, pĕpŭli, pulsum (*3*), I drive, rout, drive out, banish.

Pĕlops (*gen.* **Pĕlŏpis**), Pelops.

Pĕlŏpĭdae (*pl.*), *1. m.*, descendants of Pelops.

pĕnĕs (*acc.*), in the power of.

per (*acc.*), through, by means of, throughout.

pĕrăgo, -ĕre, pĕrēgi, pĕractum (*3*), I accomplish.

perfĭdia, *1. f.*, treachery.

pĕrīcŭlum, *2. n.*, danger.

pĕrītus, -a, -um, skilful, skilled in (*genitive*).

permŏveo, -ēre, **permōvi, permōtum** (*2*), I move.

permulceo, -ēre, permulsi, permulsum (*2*), I soothe, stroke.

perpĕtuus, -a, -um, perpetual; continuous, unbroken.

Persae (*pl.*), *1. m.*, the Persians.

persolvo, -ĕre, persolvi, persŏlūtum (*3*), I pay.

pertĭnācia, *1. f.*, obstinacy.

perturbo (*1*), I throw into confusion, disturb.

pēs (*gen.* **pĕdis**), *3. m.*, foot.

pessĭmus, -a, -um (*superlative of* **mălus**), worst, very bad.

pĕto, -ĕre, pĕtīvi or **-ii, pĕtītum** (*3*), I seek, woo, fetch ; **consŭlātum pĕto,** I stand for the consulship.

phĭlŏsŏphia, *1. f.*, philosophy.

pīrāta, *1. m.*, pirate.

plăceo (*2*), I please (*dative*).

plānē, clearly.

plēbēius, -a, -um, plebeian.

plebs (*gen.* **plēbis**), *3. f.*, the people, the plebeians.

plūres (*plural comparative of* **multus**), more.

plūrĭmus, -a, -um (*superlative of* **multus**), most, very many.

plūs (*neuter singular comparative of* **multus**), more.

Plūto (*gen.* **Plūtōnis**), *3. m.*, Pluto.

poena, *1. f.*, punishment, penalty ; **poenas persolvo,** I pay the penalty.

Poenus, -a, -um, Carthaginian.

poēta, *1. m.*, poet.

pōmum, *2. n.*, apple, fruit.

pondus (*gen.* **pondĕris**), *3. n.*, weight.

pōno, -ĕre, pŏsui, pŏsĭtum (*3*), I place, set up.

pons (*gen.* **pontis**), *3. m.*, bridge.

pŏpŭlāris, -e, popular, of the people; (*as noun in plural*) **pŏpŭlāres,** democrats.

pŏpŭlus, *2. m.*, people.

porcīnus, -a, -um, of a pig.

porcus, *2. m.*, pig.

porta, *1. f.*, gate, door.

porto (*1*), I carry.

pŏsĭtus, -a, -um (*perfect participle passive of* **pōno**), placed.

possĭdeo, -ēre, possēdi, possessum (*2*), I possess.

possum, posse, pŏtui (*irreg.*), I can, am able.

posteā, afterwards.

postrīdie, on the next day.

postŭlātio (*gen.* **postŭlātiōnis**), *3. f.*, demand.

postŭlo (*1*), I demand.

pŏsui, *perfect indicative of* **pōno.**

pŏtens (*gen.* **pŏtentis**), powerful.

pŏtentia, *1. f.*, power.

pŏtestās (*gen.* **pŏtestātis**), *3. f.*, power, authority, opportunity.

praecĭpuē, especially.

praeda, *1. f.*, booty, spoil, prey.

praefĭcio, -ĕre, praefēci, praefectum (*3*), I place in command of (*dative*).

praesto, -āre, praestĭti, praestitum (*1*), I surpass (*dative*); **prōmissum praesto,** I keep a promise.

praesum, praeesse, praefui, I am in command of (*dative*).

praeter (*acc.*), except, besides.

praetŏr (*gen.* **praetōris**), *3. m.*, praetor.

prĕtium, *2. n.*, price, ransom.

prīmo, at first.

prīmum, first, for the first time.

prīmus,-a,-um, first; **prīma lūce,** at daybreak; **prīmi cīvitātis,** the first men of the state.

princeps (*gen.* **princīpis**), *3 m.*, chief man.

prĭusquam, before.

pro (*abl.*), for, on behalf of, in- [stead of.

prŏbo (*1*), I approve of.

prōcēdo, -ĕre, prōcessi, processum (*3*), I advance.

prŏcul, far.

prōdĭtor (*gen.* **prōdĭtōris**), *3. m.*, traitor, betrayer.

proelium, *2. n.*, battle.

prŏfĭciscor, prŏfĭcisci, prŏfectus sum (*3*), I set out.

prōfui, *perfect indicative of* **prō-** [**sum.**

prōmīsi, *perfect indicative of* **prōmitto.**

prōmissum, *2. n.*, promise.

prŏpe [I] (*preposition*) (*acc.*), near. [II] (*adverb*) almost, nearly.

prŏpĕro (*1*), I hasten.

propter (*acc.*), on account of, for the sake of.

prōrŏgo (*1*), I extend.

prōsum, prōdesse, prōfui, . am of advantage to, I benefit (*dative*); (*impersonally*), **prodest,** it is profitable.

prōvincia, *1. f.*, province.

prōvŏco (*1*), I challenge.

proxĭmus, -a, -um, nearest.

pūblĭcus, -a, -um, public.

pŭdor (*gen.* **pŭdōris**), *3. m.*, shame.

puella, *1. f.*, girl.

puer (*gen.* **puĕri**), *2. m.*, boy.

pugna, *1. f.*, fight, battle.

pugno (*1*), I fight.

pulcher, pulchra, pulchrum, beautiful, splendid.

pulchrĭtūdo (*gen.* **pulchrĭtūdĭnis**), *3. f.*, beauty.

pūnio (*4*), I punish.

pŭto (*1*), I think.

quam, than.

quamquam, although.

quattuor, four.

-que, and.

qui, quae, quod, who (*relative pronoun*).

quidam, quaedam, quiddam, *or* **quoddam,** a certain.

quĭdem, indeed.

quingenti, -ae, -a, five hundred.

quinquāginta, fifty.

quinque, five.
quintus, **-a**, -um, fifth.
quis, **quid**, who? (*interrogative pronoun*).
quo, whither.
quoad, as far as.
quod, because.
quŏque, also, even.
quŏniam, since.
quŏtannis, every year.
quŏtiens, as often as, whenever.

rādo, **-ĕre**, **rāsi**, **rāsum** (*3*), I shave.
rĕcĭpio, -**ĕre**, **rĕcēpi**, **rĕceptum** (*3*), I get back; **me rĕcĭpio**, I retreat, betake myself.
reddo, -**ĕre**, **reddĭdi**, **reddĭtum** (*3*), I give back, restore.
rĕdeo, -**īre**, **rĕdii**, **rĕdĭtum** (*irreg.*), I return, go back.
rĕdintegro (*1*), I renew.
rĕdĭtus, *4. m.*, return.
rĕdūco -**ĕre**, **rĕduxi**, **rĕductum** (*3*), I lead back.
rēgius, -**a**, -um, royal, of the king.
regno (*1*), I reign.
regnum, *2. n.*, kingdom, royal power.
rĕgo, -**ĕre**, **rexi**, **rectum** (*3*), I rule.
rĕlinquo, -**ĕre**, **rĕlīqui**, **rĕlictum** (*3*), I leave. [rest.
rĕlĭquus, -**a**, -**um**, remaining, the
rĕmitto, -**ĕre**, **rĕmīsi**, **rĕmissum** (*3*), I send back, let go, relax.
rĕpello, -**ĕre**, **reppŭli**, **rĕpulsum** (*3*), I drive back.
rĕpentē, suddenly.
rĕporto (*1*), I bring back; **victoriam rĕporto**, I win a victory. [**rĕpello.**
reppŭli, *perfect indicative of*
res, *5. f.*, thing, affair, matter.
rescindo, -**ĕre**, **rescĭdi**, **rescissum** (*3*), I break down.
rĕsĕro (*1*), I unlock.
rĕsisto, -**ĕre**, **restĭti**, **restĭtum** (*3*), I resist (*dative*).
respondeo, -**ēre**, **respondi**, **responsum** (*2*), I answer, reply.
responsum, *2. n.*, answer, reply.
respūblica (*gen.* **reīpublĭcae**), *f.*, state, republic.
restinguo, -**ĕre**, **restinxi**, **restinctum** (*3*), I put out, extinguish. [**rĕsisto.**
restĭti, *perfect indicative of*
restĭtuo, -**ĕre**, **restĭtui**, **restĭtūtum** (*3*), I restore.
retro, back, backwards.
reverti (*perf.*), (*3*), I returned.
rĕvŏco (*1*), I recall, call back.
rex (*gen.* **rēgis**), *3. m.*, king.
rīpa, *1. f.*, bank.
r xa, *1. f.*, quarrel.
rŏgo (*1*), I ask; **lēgem rŏgo**, I propose a law.

rŏgus, *2. m.*, funeral pyre.
Rōma, *1. f.*, Rome.
Rōmānus, -a, -um, Roman.
rostrum, *2. n.*, beak.

saccus, *2. m.*, bag.
săcer, **sacra**, **sacrum**, sacred.
săcerdōs (*gen.* **săcerdōtis**), *3. c.*, priest.
saepe, often.
saepio, **-īre**, **saepsi**, **saeptum** (*4*), I block up.
saevus, -a, -um, fierce, cruel.
săgitta, *1. f.*, arrow.
salto (*1*), I leap, jump.
saltus, *4. m.*, pass, valley.
sălūs (*gen.* **sălūtis**), *3. f.*, safety.
sălūto (*1*), I greet.
sanguis (*gen.* **sanguīnis**), *3. m.*, blood.
săpiens (*gen.* **săpientis**), wise, clever.
săpientia, *1. f.*, wisdom.
sătis, enough.
saxum, -i, *2. n.*, rock, stone.
scĕlus (*gen.* **scĕlĕris**), *3. n.*, crime.
schŏla, *1. f.*, school.
scīpio, *3. m.*, staff.
scrība, *1. m.*, secretary.
scriptus, -a -um, written; (*neut. pl.*), **scripta**, writings.
scūtum, *2. n.*, shield.
se, himself, herself, itself, themselves (*reflexive*).
sēcum, with him, with her, with them (*reflexive*).
sĕcundus, -a, -um, second.
sed, but.
sĕdeo, **-ēre**, **sēdi**, **sessum** (*2*), I sit.
sella, *1. f.*, chair.
sĕmel, once.
semper, always.
sĕnātōr (*gen.* **sĕnātōris**), *3. m.*, senator.
sĕnātus, *4. m.*, senate.
sĕnex (*gen.* **sĕnis**), *3. m.*, old man.
sensi, *perfect indicative of*, **sentio**.
sentio, **-īre**, **sensi**, **sensum** (*4*), I feel.
sĕpĕlio, **-īre**, **sĕpĕlīvi**, **sĕpultum** (*4*), I bury.
septem, seven.
septĭmus, -a, -um, seventh.
sĕquor, **-i**, **sĕcūtus sum** (*3*) (*deponent*), I follow.
sermo (*gen.* **sermōnis**), *3. m.*, conversation.
sĕro, **-ĕre**, **sēvi**, **sătum** (*3*), I sow.
serpens (*gen.* **serpentis**), *3. f.*, serpent.
servo (*1*), I save, preserve, maintain.
servus, *2. m.*, slave.
sĕvērus, -a, -um, severe.
sēvi, *perfect indicative of* **sĕro**.
sex, six.
sexāginta, sixty.
si, if.
sic, thus.

sīcut, just as.

silva, *1. f.*, wood.

sĭmul, at the same time.

singŭli, -ae, -a, one by one.

sine (*abl.*), without.

sĭnister, sĭnistra, sĭnistrum, left, left hand.

sĭnus, *4. m.*, fold (of a robe).

sistrum, *2. n.*, rattle.

sĭtus, *4. m.*, situation.

sŏcius, *2. m.*, ally.

sŏleo, -ēre, sŏlĭtus sum, I am accustomed.

sōlum, only, alone.

sōlus, -a, -um, alone.

somnium, *2. n.*, dream.

sonus, *2. m.*, sound.

sŏpio (*4*), I put to sleep.

sordĭdātus, -a, -um, clad in mourning.

sŏrŏr (*gen.* **sŏrōris**), *3. f.*, sister.

sors (*gen.* **sortis**), *3. f.*, lot.

Spartānus, -a, -um, Spartan.

spectăcŭlum, *2. n.*, sight, spectacle.

specto (*1*), I look, watch, look [upon.

spĕcŭlum, *2. n.*, mirror.

spēlunca, *1. f.*, cave.

spes, *5. f.*, hope.

spīro (*1*), I breathe.

spŏlio (*1*), I rob, despoil.

spŏlium, *2. n.* (*usually in plural*), spoils.

stădium, *2. n.*, stadium, racecourse.

stătim, at once.

stătio (*gen.* **stătiōnis**), *3. f.*, outpost.

stătua, *1. f.*, statue.

stīpĕs (*gen.* **stīpĭtis**), *3. m.*, stake.

sub (*acc. or abl.*), under.

subvĕnio, -īre, subvēni, subventum (*4*), I help (*dative*).

succendo, -ĕre, succendi, succensum (*3*), I set fire to.

suffrăgium, *2. n.*, vote.

sum, esse, fui, I am.

summus, -a, -um, top, highest, utmost; **summus mons**, the top of the mountain.

sūmo, -ĕre, sumpsi, sumptum (*3*), I take, take up.

sunt, are, there are.

sŭper (*acc. or abl.*), above, over.

sŭperbia, *1. f.*, pride.

sŭperbus, -a, -um, proud.

sŭpercĭlium, *2. n.*, brow.

sŭpĕro (*1*), I overcome, defeat, prevail, cross.

sŭpersum, sŭpĕresse, sŭperfui, I survive.

supplĭcium, *2. n.*, punishment.

surgo, -ĕre, surrexi, surrectum (*3*), I rise.

sus (*gen.* **suis**), *3. c.*, pig.

suspīcio (*gen.* **suspīciōnis**), *3. f.*, suspicion.

sustĭneo, -ēre, sustĭnui, sustentum (*2*), I sustain.

suus, -a, -um, his, her, its, their.
Sўrăcūsae (*pl.*) *1. f.*, Syracuse.

tăbernācŭlum, *2. n.*, tent.
tăbŭla, *1. f.*, tablet.
tăceo (*2*), I am silent, say nothing.
taeda, *1. f.*, torch.
tălentum, *2. n.*, talent.
tam, so.
tămen, however.
tandem, at last.
tango, -ĕre, tĕtĭgi, tactum (*3*), I touch.
tantus, -a, -um, so great.
tardē, slowly.
taurus, *2. m.*, bull.
tēlum, *2. n.*, weapon.
templum, *2. n.*, temple.
tempto (*1*), I attempt, try, make trial of, test.
tempus, (*gen.* **tempŏris**), *3. n.*, time.
tendo, -ĕre, tĕtendi, tentum (*3*), I stretch, stretch out.
tĕneo, -ēre, tĕnui, tentum (*2*), I hold, keep, involve.
ter, three times.
tergum, *2. n.*, back; **a tergo,** in the rear.
terra, *1. f.*, land.
terreo (*2*), I frighten.
tĕtĭgi, *perfect indicative of* **tango.**
texo, -ĕre, texui, textum, I weave.

Thetis (*gen.* **Thĕtĭdis,** *acc.* **Thĕtin**), Thetis.
tībia, *1. f.*, flute.
tībīcen (*gen.* **tībīcīnis**), flute-player.
tĭmeo (*2*), I fear.
tĭmor (*gen.* **tĭmōris**), *3. m.*, fear.
tŏga, *1. f.*, toga.
tot, so many.
tōtus, tōta, tōtum, whole.
tracto (*1*), I drag.
trādo, -ĕre, trādĭdi, trādĭtum (*3*), I hand over, give up, hand down.
trăho, -ĕre, traxi, tractum (*3*), I drag, draw.
trans (*with accusative*), over, across.
transeo, -īre, transii, transĭtum, I cross.
transfīgo, -ĕre, transfixi, transfixum (*3*), I pierce.
transfŭga, *1. c.*, deserter.
traxi, *perfect indicative of* **trăho.**
tres, tria, three.
trĭbūnātus, *4. m.*, tribuneship.
trĭbūnus, *2. m.*, tribune.
trĭbūtum, *2. n.*, tribute.
trīginta, thirty.
tristis, -e, sad.
trĭumphus, *2. m.*, triumphal procession.
Trōia, *1. f.*, Troy.
Trōiānus, -a, -um, Trojan.
trŭcīdo (*1*), I slaughter, massacre.

truncus, *2. m.*, trunk.

tu, thou.

tŭli, *perfect indicative of* **fĕro**.

tum, then.

tŭmŭlus, *2. m.*, tomb, mound.

turba, *1. f.*, crowd.

turpis, **-e**, disgraceful.

turris, *3. f.*, tower.

tÿrannus, *2. m.*, tyrant.

ŭbĭ, when, where.

ŭbĭque, everywhere.

Ŭlixes, Ulysses.

ullus, **-a**, **-um**, any.

ultĭmus, **-a**, **-um**, last.

ultro, of one's own accord, spontaneously.

unde, whence.

undĭque, on all sides, from every side.

ūnus, **-a**, **-um**, one; **ūnā**, together.

urbs (*gen.* **urbis**), *3. f.*, city; *often* 'the city' (*i.e.* Rome).

ut (*with indicative*), as; (*with subjunctive*), so that; in order that.

ŭter, **utra**, **utrum**, which of two (*interrogative*), whichever of two (*indefinite*).

ŭterque, **utraque**, **utrumque**, each of two, each, both.

ūtĭlis, **-e**, useful.

ūtor, **-i**, **usus sum** (*deponent*) (*3*), I use (*ablative*).

utrimque, on both sides.

uxor (*gen.* **uxōris**), *3. f.*, wife.

vacca, *1. f.*, cow.

Vae, Woe!

vallis, *3. f.*, valley.

vasto (*1*), I lay waste.

Veiens (*gen.* **Veientis**), of *or* belonging to Veii, Veientian.

vel, or, even.

vĕlut, as if, as it were.

vendo, **-ĕre**, **vendĭdi**, **vendĭtum** (*3*), I sell.

vĕnēnātus, **-a**, **-um**, poisoned.

vĕnēnum. *2. n.*, poison.

vĕnia, *1. f.*, pardon, permission.

vĕnio, **-īre**, **vēni**, **ventum** (*4*), I come.

venter (*gen.* **ventris**), *3. m.*, belly.

ventus, *2. m.*, wind.

verbĕro (*1*), I thrash.

verbum, *2. n.*, word.

vertex (*gen.* **vertĭcis**), *3. m.*, top (*of a tree*); peak (*of a hill*).

verto, **-ĕre**, **verti**, **versum** (*3*), I turn.

vester, **vestra**, **vestrum**, your.

vestĭgium, *2. n.*, footprint, trace.

vexo (*1*), I annoy, harass, distress.

via, *1. f.*, road, street, way.

viātŏr (*gen.* **viātōris**), *3. c.*, traveller.

vīci, *perfect indicative of* **vinco**.

victŏr (*gen.* **victōris**), *3. m.*, conqueror, winner.

victōria, *1. f.*, victory.

victus, **-a**, **-um**, defeated, conquered.

vĭdeo, **-ēre**, **vīdī**, **vīsum** (*2*), I see; (*in passive*) **videor**, I seem.

vīginti, twenty.

vincio, **-īre**, **vinxi**, **vinctum** (*4*), I bind.

vinco, **-ĕre**, **vīci**, **victum** (*3*), I conquer, defeat.

vindex (*gen.* **vindĭcis**), *3. c.*, avenger, champion.

vinxi, *perfect indicative of* **vincio**.

vīnum, *2. n.*, wine.

vir, *2. m.*, man.

virga, *1. f.*, rod, wand.

virtūs (*gen.* **virtūtis**), *3. f.*, courage, virtue.

vīs (*acc.* **vim**, *abl.* **vi**), *3. f.*, force, might; (*pl.*) **vīres**, strength.

vīta, *1. f.*, life; **vītā excēdo**, I depart from life, I die.

vīvo, **-ĕre**, **vixi**, **victum** (*3*), I live.

vīvus, **-a**, **-um**, living, alive.

vix, scarcely.

vixi, *perfect indicative of* **vivo**.

vŏco (*1*), I call, invite, summon.

vŏlo [1], **velle**, **vŏlui**, I wish.
[2] (1), I fly.

vŏluptas (*gen.* **vŏluptātis**), *3. f.*, pleasure.

volvo, **-ĕre**, **volvi**, **vŏlūtum** (*3*), I roll (*transitive*); (*passive*) **volvor**, I roll (*intransitive*).

vŏro (*1*), I devour.

vos, you.

vulnĕro (*1*), I wound.

vulnus (*gen.* **vulnĕris**), *3. n.*, wound.

Zĕphȳrus, *2. m.*, Zephyrus (the god of the West Wind).

zōna, *1. f.*, girdle.

Inflections

NOUNS

1. First Declension

	SINGULAR	PLURAL
Nom.	mēnsa	mēnsae
Gen.	mēnsae	mēnsārum
Dat.	mēnsae	mēnsīs
Acc.	mēnsam	mēnsās
Abl.	mēnsā	mēnsīs

2. Second Declension

SINGULAR

Nom.	amīcus	puer	ager	bellum
Gen.	amīcī	puerī	agrī	bellī
Dat.	amīcō	puerō	agrō	bellō
Acc.	amīcum	puerum	agrum	bellum
Abl.	amīcō	puerō	agrō	bellō

PLURAL

Nom.	amīcī	puerī	agrī	bella
Gen.	amīcōrum	puerōrum	agrōrum	bellōrum
Dat.	amīcīs	puerīs	agrīs	bellīs
Acc.	amīcōs	puerōs	agrōs	bella
Abl.	amīcīs	puerīs	agrīs	bellīs

Third Declension

3. Masculine and Feminine Consonant Stems

SINGULAR

Nom.	lēx	mīles	pater	cōnsul
Gen.	lēgis	mīlitis	patris	cōnsulis
Dat.	lēgī	mīlitī	patrī	cōnsulī
Acc.	lēgem	mīlitem	patrem	cōnsulem
Abl.	lēge	mīlite	patre	cōnsule

PLURAL

Nom.	lēgēs	mīlitēs	patrēs	cōnsulēs
Gen.	lēgum	mīlitum	patrum	cōnsulum
Dat.	lēgibus	mīlitibus	patribus	cōnsulibus
Acc.	lēgēs	mīlitēs	patrēs	cōnsulēs
Abl.	lēgibus	mīlitibus	patribus	cōnsulibus

4. Neuter Consonant Stems

SINGULAR

Nom.	flūmen	caput	corpus	cor
Gen.	flūminis	capitis	corporis	cordis
Dat.	flūminī	capitī	corporī	cordī
Acc.	flūmen	caput	corpus	cor
Abl.	flūmine	capite	corpore	corde

PLURAL

Nom.	flūmina	capita	corpora	corda
Gen.	flūminum	capitum	corporum	———
Dat.	flūminibus	capitibus	corporibus	cordibus
Acc.	flūmina	capita	corpora	corda
Abl.	flūminibus	capitibus	corporibus	cordibus

5. I-Stems and Mixed Stems

SINGULAR

	M.	*N.*	*Mixed*
Nom.	hostis	mare	urbs
Gen.	hostis	maris	urbis
Dat.	hostī	marī	urbī
Acc.	hostem	mare	urbem
Abl.	hoste	marī	urbe

	PLURAL		
Nom.	hostēs	maria	urbēs
Gen.	hostium	marium	urbium
Dat.	hostibus	maribus	urbibus
Acc.	hostīs (–ēs)	maria	urbīs (–ēs)
Abl.	hostibus	maribus	urbibus

6. Fourth Declension

	SINGULAR		PLURAL	
	M.	*N.*	*M.*	*N.*
Nom.	frūctus	cornū	frūctūs	cornua
Gen.	frūctūs	cornūs	frūctuum	cornuum
Dat.	frūctuī (–ū)	cornū	frūctibus	cornibus
Acc.	frūctum	cornū	frūctūs	cornua
Abl.	frūctū	cornū	frūctibus	cornibus

7. Fifth Declension

	SINGULAR		PLURAL	
	M. and F.	*F.*	*M. and F.*	*F.*
Nom.	diēs	rēs	diēs	rēs
Gen.	diēī	reī	diērum	rērum
Dat.	diēī	reī	diēbus	rēbus
Acc.	diem	rem	diēs	rēs
Abl.	diē	rē	diēbus	rēbus

8. Irregular Nouns

	SINGULAR	PLURAL	SINGULAR	PLURAL
Nom.	domus	domūs	vīs	vīrēs
Gen.	domūs, –ī	domuum, –ōrum	vīs	vīrium
Dat.	domuī, –ō	domibus	vī	vīribus
Acc.	domum	domūs, –ōs	vim	vīrēs
Abl.	domū, –ō	domibus	vī	vīribus

Adjectives

9. First and Second Declensions

	SINGULAR			PLURAL		
	M.	*F.*	*N.*	*M.*	*F.*	*N.*
Nom.	bonus	bona	bonum	bonī	bonae	bona
Gen.	bonī	bonae	bonī	bonōrum	bonārum	bonōrum
Dat.	bonō	bonae	bonō	bonīs	bonīs	bonīs
Acc.	bonum	bonam	bonum	bonōs	bonās	bona
Abl.	bonō	bonā	bonō	bonīs	bonīs	bonīs

Nom.	**līber**	**lībera**	**līberum**	**līberī**	**līberae**	**lībera**
Gen.	**līberī**	**līberae**	**līberī**	**līberōrum**	**līberārum**	**līberōrum**
Dat.	**līberō**	**līberae**	**līberō**	**līberīs**	**līberīs**	**līberīs**
Acc.	**līberum**	**līberam**	**līberum**	**līberōs**	**līberās**	**lībera**
Abl.	**līberō**	**līberā**	**līberō**	**līberīs**	**līberīs**	**līberīs**

Nom.	**niger**	**nigra**	**nigrum**	**nigrī**	**nigrae**	**nigra**
Gen.	**nigrī**	**nigrae**	**nigrī**	**nigrōrum**	**nigrārum**	**nigrōrum**
Dat.	**nigrō**	**nigrae**	**nigrō**	**nigrīs**	**nigrīs**	**nigrīs**
Acc.	**nigrum**	**nigram**	**nigrum**	**nigrōs**	**nigrās**	**nigra**
Abl.	**nigrō**	**nigrā**	**nigrō**	**nigrīs**	**nigrīs**	**nigrīs**

Third Declension

10. Adjectives of One Ending

	SINGULAR		PLURAL	
	M. and F.	*N.*	*M. and F.*	*N.*
Nom.	**audāx**	**audāx**	**audācēs**	**audācia**
Gen.	**audācis**	**audācis**	**audācium**	**audācium**
Dat.	**audācī**	**audācī**	**audācibus**	**audācibus**
Acc.	**audācem**	**audāx**	**audācīs** (–ēs)	**audācia**
Abl.	**audācī**	**audācī**	**audācibus**	**audācibus**
Nom.	**recēns**	**recēns**	**recentēs**	**recentia**
Gen.	**recentis**	**recentis**	**recentium**	**recentium**
Dat.	**recentī**	**recentī**	**recentibus**	**recentibus**
Acc.	**recentem**	**recens**	**recentīs** (–ēs)	**recentia**
Abl.	**recentī**	**recentī**	**recentibus**	**recentibus**
Nom.	**pār**	**pār**	**parēs**	**paria**
Gen.	**paris**	**paris**	**parium**	**parium**
Dat.	**parī**	**parī**	**paribus**	**paribus**
Acc.	**parem**	**par**	**parīs** (–ēs)	**paria**
Abl.	**parī**	**parī**	**paribus**	**paribus**
Nom.	**vetus**	**vetus**	**veterēs**	**vetera**
Gen.	**veteris**	**veteris**	**veterum**	**veterum**
Dat.	**veterī**	**veterī**	**veteribus**	**veteribus**
Acc.	**veterem**	**vetus**	**veterēs**	**vetera**
Abl.	**vetere**	**vetere**	**veteribus**	**veteribus**

Comparatives and **vetus** are declined as pure consonant stems.

11. ADJECTIVES OF TWO ENDINGS

	SINGULAR		PLURAL	
	M. and F.	*N.*	*M. and F.*	*N.*
Nom.	**levis**	**leve**	**levēs**	**levia**
Gen.	**levis**	**levis**	**levium**	**levium**
Dat.	**levī**	**levī**	**levibus**	**levibus**
Acc.	**levem**	**leve**	**levīs (–ēs)**	**levia**
Abl.	**levī**	**levī**	**levibus**	**levibus**

12. ADJECTIVES OF THREE ENDINGS

	SINGULAR			PLURAL		
	M.	*F.*	*N.*	*M.*	*F.*	*N.*
Nom.	**ācer**	**ācris**	**ācre**	**ācrēs**	**ācrēs**	**ācria**
Gen.	**ācris**	**ācris**	**ācris**	**ācrium**	**ācrium**	**ācrium**
Dat.	**ācrī**	**ācrī**	**ācrī**	**ācribus**	**ācribus**	**ācribus**
Acc.	**ācrem**	**ācrem**	**ācre**	**ācrīs (–ēs)**	**ācrīs (–ēs)**	**ācria**
Abl.	**ācrī**	**ācrī**	**ācrī**	**ācribus**	**ācribus**	**ācribus**

Celer, *swift*, has the nominative singular **celer, celeris, celere**, the second **e** being part of the stem.

13. PRESENT PARTICIPLES

	SINGULAR		PLURAL	
	M. and F.	*N.*	*M. and F.*	*N.*
Nom.	**amāns**	**amāns**	**amantēs**	**amantia**
Gen.	**amantis**	**amantis**	**amantium**	**amantium**
Dat.	**amantī**	**amantī**	**amantibus**	**amantibus**
Acc.	**amantem**	**amāns**	**amantēs, –īs**	**amantia**
Abl.	**amante, –ī**	**amante, –ī**	**amantibus**	**amantibus**

14. IRREGULAR ADJECTIVES

alius, –a, –ud, *other*
ūnus, –a, –um, *one*
sōlus, –a, –um, *only*
ūllus, –a, um, *any*
tōtus, –a, –um, *whole*
nūllus, –a, –um, *none*
alter, –era, –erum, *other*
uter, –tra, –trum, *which*
neuter, neutra, neutrum, *neither*

SINGULAR

	M.	F.	N.	M.	F.	N.
Nom.	**alius**	**alia**	**aliud**	**alter**	**altera**	**alterum**
Gen.	**alīus**	**alīus**	**alīus**	**alterīus**	**alterīus**	**alterīus**
Dat.	**aliī**	**aliī**	**aliī**	**alterī**	**alterī**	**alterī**
Acc.	**alium**	**aliam**	**aliud**	**alterum**	**alteram**	**alterum**
Abl.	**aliō**	**aliā**	**aliō**	**alterō**	**alterā**	**alterō**

The plural is regular, like **bonus.**

Nom.	**ūnus**	**ūna**	**ūnum**	**uter**	**utra**	**utrum**
Gen.	**ūnīus**	**ūnīus**	**ūnīus**	**utrīus**	**utrīus**	**utrīus**
Dat.	**ūnī**	**ūnī**	**ūnī**	**utrī**	**utrī**	**utrī**
Acc.	**ūnum**	**ūnam**	**ūnum**	**utrum**	**utram**	**utrum**
Abl.	**ūnō**	**ūnā**	**ūnō**	**utrō**	**utrā**	**utrō**

The plural is regular, like **bonus.**

COMPARISON OF ADJECTIVES

15. Regular

POSITIVE	COMPARATIVE	SUPERLATIVE
altus, –a, –um, *high*	**altior, altius**	**altissimus, –a, um**
fortis, –e, *brave*	**fortior, fortius**	**fortissimus, –a, –um**
fēlīx, *happy*	**fēlīcior, fēlīcius**	**fēlicissimus, –a, –um**
amāns, *loving*	**amāntior, amāntius**	**amantissimus, –a, –um**

16. Adjectives in **–er** form their comparative in the regular way, but form the superlative by adding **–rimus** to the nominative of the positive masculine.

POSITIVE	COMPARATIVE	SUPERLATIVE
asper, *rough*	**asperior, –ius**	**asperrimus, –a, –um**
celer, *swift*	**celerior, –ius**	**celerrimus, –a, –um**
pulcher, *beautiful*	**pulchrior, –ius**	**pulcherrimus, –a, –um**

17. Six adjectives in **–lis** form the superlative by adding **–limus** to the stem. The comparative is regular.

POSITIVE	COMPARATIVE	SUPERLATIVE
facilis, –e, *easy*	**facilior, –ius**	**facillimus, –a, –um**
difficilis, –e, *unlike*	**difficilior, –ius**	**difficillimus, –a, –um**
dissimilis, –e, *unlike*	**dissimilior, –ius**	**dissimillimus, –a, –um**
gracilis, –e, *graceful*	**gracilior, –ius**	**gracillimus, –a, –um**
humilis, –e, *humble*	**humilior, –ius**	**humillimus, –a, –um**
similis, –e, *like*	**similior, –ius**	**simillimus, –a, –um**

Other adjectives in **–lis** are compared regularly: as, **utilis,** *useful,* **utilior, utillissimus.**

18. Irregular

POSITIVE	COMPARATIVE	SUPERLATIVE
bonus, -a, -um, *good*	**melior, -ius,** *better*	**optimus, -a, -um,** *best*
malus, -a, -um, *bad*	**pēior, peius,** *worse*	**pessimus, -a, -um,** *worst*
magnus, -a, -um, *great*	**māior, maius,** *greater*	**maximus, -a, -um,** *greatest*
parvus, -a, -um, *little*	**minor, minus,** *less*	**minimus, -a, -um,** *least*
multus, -a, -um, *much*	**plūs,** *more*	**plurimus, -a, um,** *most*

19. The positive of the following adjectives derived from prepositions have a positive only in special cases.

exterus	**exterior**	**extrēmus** **extimus**
īnferus	**īnferior**	**īnfimus** **īmus**
posterus	**posterior**	**postrēmus** **postumus**
superus	**superior**	**suprēmus** **summus**

20. The following adjectives lack the positive entirely:

citerior	**citimus**
dēterior	**dēterimus**
interior	**intimus**
ōcior	**ōcissimus**
prior	**prīmus**
propior	**proximus**
ulterior	**ultimus**

21. Declension of Comparatives

SINGULAR		PLURAL	
M. and F.	*N.*	*M. and F.*	*N.*
levior	**levius**	**leviōrēs**	**leviōra**
leviōris	**leviōris**	**leviōrum**	**leviōrum**
leviōrī	**leviōrī**	**leviōribus**	**leviōribus**
leviōrem	**levius**	**leviōrēs**	**leviōra**
leviōre	**leviōre**	**leviōribus**	**leviōribus**

Levior is the comparative of **levis.** All comparatives are regularly declined like **levior.**

22. **Plus,** *more,* is used in the singular only as a neuter noun. It is declined as follows:

	SINGULAR		PLURAL	
	M. and F.	*N.*	*M. and F.*	*N.*
Nom.	———	**plūs**	**plūrēs**	**plūra**
Gen.	———	**plūris**	**plūrium**	**plūrium**
Dat.	———	———	**plūribus**	**plūribus**
Acc.	———	**plūs**	**plūrēs (–īs)**	**plūra**
Abl.	———	———	**plūribus**	**plūribus**

COMPARISON OF ADVERBS

23. Adjectives of the first and second declensions form the adverb by dropping the ending of the genitive singular and adding **–ē.**

ADJECTIVE	ADVERB
lātus	**lātē,** *widely*
miser	**miserē,** *wretchedly*
pulcher	**pulchrē,** *beautifully*

24. Adjectives of the third declension form the adverb by adding **–ter** to the stems. Stems (chiefly participles) ending in **–nt** drop **–t** before adding **–ter.**

ADJECTIVE	STEM	ADVERB
ācer	**ācri–**	**ācriter,** *keenly*
fortis	**forti–**	**fortiter,** *bravely*
prūdēns	**prūdent–**	**prūdenter,** *prudently*

25. In some adjectives the ablative singular serves as the adverb, in others the neuter accusative singular.

ADJECTIVE	ADVERB
facilis	**facile,** *easily*
multus	**multum,** *much*
prīmus	**prīmō,** *first*

26. The comparative of the adverb is the same as the neuter singular of the comparative of the adjective. To form the superlative, change the final **–us** of the superlative of the adjective to **–ē.**

ADJECTIVE	ADVERB	COMPARATIVE	SUPERLATIVE
lātus	**lātē**	**lātius**	**lātissimē**
pulcher	**pulchrē**	**pulchrius**	**pulcherrimē**
bonus	**bene**	**melius**	**optimē**
facilis	**facile**	**facilius**	**facillimē**
audāx	**audācter**	**audācius**	**audācissimē**

27. Certain adverbs are irregular in comparison.

POSITIVE	COMPARATIVE	SUPERLATIVE
magnopere, *greatly*	**magis**	**maximē**
multum, *much*	**plūs**	**plūrimum**
nōn multum, / **parum**, *little*	**minus**	**minimē**
saepe, *often*	**saepius**	**saepissimē**
prope, *near*	**propius**	**proximē**
diū, *for a long time*	**diūtius**	**diūtissimē**

28. NUMERALS

	CARDINALS	ORDINALS	DISTRIBUTIVES
1	**ūnus**, *one*	**prīmus**, *first*	**singulī**, *one each*
2	**duo**	**secundus**	**bīnī**
3	**trēs**	**tertius**	**ternī, trīnī**
4	**quattuor**	**quārtus**	**quaternī**
5	**quīnque**	**quīntus**	**quīnī**
6	**sex**	**sextus**	**sēnī**
7	**septem**	**septimus**	**septēnī**
8	**octo**	**octāvus**	**octōnī**
9	**novem**	**nonus**	**novēnī**
10	**decem**	**decimus**	**dēnī**
11	**ūndecim**	**ūndecimus**	**ūndēnī**
12	**duodecim**	**duodecimus**	**duodēnī**
13	**tredecim**	**tertius decimus**	**ternī dēnī**
14	**quattuordecim**	**quārtus decimus**	**quaternī dēnī**
15	**quindecim**	**quīntus decimus**	**quīnī dēnī**
16	**sēdecim**	**sextus decimus**	**sēnī dēnī**
17	**septendecim**	**septimus decimus**	**septēnī dēnī**
18	**duodēvīgintī**	**duodēvīcēsimus**	**duodēvīcēnī**
19	**ūndēvīgintī**	**ūndēvīcēsimus**	**ūndēvīcēnī**
20	**vīgintī**	**vīcēsimus**	**vīcēnī**
21	**vīgintī ūnus**	**vīcēsimus prīmus**	**vīcēnī singulī**
	ūnus et vīgintī	**ūnus et vīcēsimus**	**singulī et vīcēnī**
22–	*27 are formed just as 21*		
28	**duodētrīgintā**	**duodētrīcēsimus**	**duodētrīcēnī**
29	**ūndētrīgintā**	**ūndētrīcēsimus**	**undētrīcēnī**
30	**trīgintā**	**trīcēsimus**	**trīcēnī**
40	**quadrāgintā**	**quadrāgēsimus**	**quadrāgēnī**
50	**quīnquāgintā**	**quīnquāgēsimus**	**quīnquāgēnī**
60	**sexāgintā**	**sexāgēsimus**	**sexāgēnī**
70	**septuāgintā**	**septuāgēsimus**	**septuāgēnī**

80	**octōgintā**	octōgēsimus	**octōgēnī**
90	nōnāgintā	nōnāgēsimus	**nōnāgēnī**
100	**centum**	centēsimus	**centēnī**
101	**centum ūnus** **centum et ūnus**	centēsimus prīmus	**centēnī** singulī
200	**ducentī**	**ducentēsimus**	**ducēnī**
300	**trecentī**	**trecentēsimus**	**trecēnī**
400	**quadringentī**	quadringentēsimus	**quadringēnī**
500	**quīngentī**	**quīngentēsimus**	**quīngēnī**
600	**sescentī**	**sescentēsimus**	**sescēnī**
700	**septingentī**	**septingentēsimus**	**septingēnī**
800	**octingentī**	**octingentēsimus**	**octingēnī**
900	**nōngentī**	**nōngentēsimus**	**nōngēnī**
1,000	**mīlle**	**mīllēsimus**	**singula mīlia**
100,000	**centum mīlia**	centiēs millēsimus	**centēna mīlia**

29. Declension of Numeral Adjectives

	M.	*F.*	*N.*
Nom.	**duo**	**duae**	**duo**
Gen.	**duōrum**	**duārum**	**duōrum**
Dat.	**duōbus**	**duābus**	**duōbus**
Acc.	**duōs, duo**	**duās**	**duo**
Abl.	**duōbus**	**duābus**	**duōbus**

	M. and F.	*N.*	*N.*
Nom.	**trēs**	**tria**	**mīlia**
Gen.	**trium**	**trium**	**mīlium**
Dat.	**tribus**	**tribus**	**mīlibus**
Acc.	**trēs (trīs)**	**tria**	**mīlia**
Abl.	**tribus**	**tribus**	**mīlibus**

Of the cardinals only **ūnus, duo, trēs,** the hundreds above one hundred, and **mīlle** when used as a noun are declined.

The cardinals from four to ten and all the tens from ten to one hundred are indeclinable. Hundreds are declined like the plural of **bonus.**

Mīlle in the singular is an indeclinable adjective. In the plural it is a noun (followed by the genitive of the objects enumerated) and is declined. Thus, **mīlle hominēs,** *a thousand men;* **duo mīlia hominum,** *two thousand men* (lit., *two thousand of men*).

PRONOUNS

30. Personal Pronouns

	First Person		Second Person	
	SINGULAR	PLURAL	SINGULAR	PLURAL
Nom.	**ego,** *I*	**nōs,** *we*	**tū,** *you*	**vōs,** *you*
Gen.	**meī**	**nostrī, nostrum**	**tuī**	**vestrī, vestrum**
Dat.	**mihi**	**nōbīs**	**tibi**	**vōbīs**
Acc.	**mē**	**nōs**	**tē**	**vōs**
Abl.	**mē**	**nōbīs**	**tē**	**vōbīs**

The personal pronoun of the third person is the demonstrative pronoun (**is,** *he;* **ea,** *she;* **id,** *it*) or, if the antecedent is the subject of the clause or sentence, the reflexive pronoun.

31. Reflexive Pronouns

	First Person		Second Person		Third Person	
	SING.	PLU.	SING.	PLU.	SING.	PLU.
Gen.	**meī,** *of myself*	**nostrī**	**tuī**	**vestrī**	**suī**	**suī**
Dat.	**mihi**	**nōbīs**	**tibi**	**vōbīs**	**sibi**	**sibi**
Acc.	**mē**	**nōs**	**tē**	**vōs**	**sē, sēsē**	**sē, sēsē**
Abl.	**mē**	**nōbīs**	**tē**	**vōbīs**	**sē, sēsē**	**sē, sēsē**

32. Possessive Adjectives and Pronouns

SINGULAR

1st. pers.	**meus, –a, –um,** *my*
2nd pers.	**tuus, –a, –um,** *your*
3rd pers.	**suus, –a, –um,** *his, her, its* (reflexive)
	eius, eius, eius (gen. sing. of **is**), *his, her, its* (not reflexive)

PLURAL

1st. pers.	**noster, –tra, –trum,** *our*
2nd pers.	**vester, –tra, –trum,** *your*
3rd pers.	**suus, –a, –um,** *their* (reflexive)
	eōrum, eārum, eōrum (gen. pl. of **is**), *their* (not reflexive)

Possessive pronouns exist in Latin only when possessive adjectives are used substantively.

Demonstrative Adjectives and Pronouns

33. **hīc, haec, hōc,** *this*

	SINGULAR			PLURAL		
	M.	*F.*	*N.*	*M.*	*F.*	*N.*
Nom.	**hīc**	**haec**	**hōc**	**hī**	**hae**	**haec**
Gen.	**huius**	**huius**	**huius**	**hōrum**	**hārum**	**hōrum**
Dat.	**huic**	**huic**	**huic**	**hīs**	**hīs**	**hīs**
Acc.	**hunc**	**hanc**	**hoc**	**hōs**	**hās**	**haec**
Abl.	**hōc**	**hāc**	**hōc**	**hīs**	**hīs**	**hīs**

34. **ille, illa, illud,** *that* (emphatic)

	SINGULAR			PLURAL		
	M.	*F.*	*N.*	*M.*	*F.*	*N.*
Nom.	**ille**	**illa**	**illud**	**illī**	**illae**	**illa**
Gen.	**illīus**	**illīus**	**illīus**	**illōrum**	**illārum**	**illōrum**
Dat.	**illī**	**illī**	**illī**	**illīs**	**illīs**	**illīs**
Acc.	**illum**	**illam**	**illud**	**illōs**	**illās**	**illa**
Abl.	**illō**	**illā**	**illō**	**illīs**	**illīs**	**illīs**

35. **iste, ista, istud,** *that, that of yours*

This demonstrative pronoun is declined like **ille.** It refers to that which is close at hand or belonging to the person addressed.

36. **is, ea, id,** *that* (unemphatic)

	SINGULAR			PLURAL		
	M.	*F.*	*N.*	*M.*	*F.*	*N.*
Nom.	**is**	**ea**	**id**	**eī** or **iī**	**eae**	**ea**
Gen.	**eius**	**eius**	**eius**	**eōrum**	**eārum**	**eōrum**
Dat.	**eī**	**eī**	**eī**	**eīs** or **iīs**	**eīs** or **iīs**	**eīs** or **iīs**
Acc.	**eum**	**eam**	**id**	**eōs**	**eās**	**ea**
Abl.	**eō**	**eā**	**eō**	**eīs** or **iīs**	**eīs** or **iīs**	**eīs** or **iīs**

37. **īdem, eadem, idem,** *same*

	SINGULAR			PLURAL		
	M.	*F.*	*N.*	*M.*	*F.*	*N.*
Nom.	**īdem**	**eadem**	**idem**	**eīdem (iīdem)**	**eaedem**	**eadem**
Gen.	**eiusdem**	**eiusdem**	**eiusdem**	**eōrundem**	**eārundem**	**eōrundem**
Dat.	**eīdem**	**eīdem**	**eīdem**	**eīsdem** or **iīsdem** **īsdem**	**eīsdem** or **iīsdem** **īsdem**	**eīsdem** or **iīsdem** **īsdem**
Acc.	**eundem**	**eandem**	**idem**	**eōsdem**	**eāsdem**	**eadem**
Abl.	**eōdem**	**eādem**	**eōdem**	**eīsdem**	**eīsdem**	**eīsdem**

Intensive Pronoun and Adjective

38. **ipse, ipsa, ipsum,** *self, very*

	SINGULAR			PLURAL		
	M.	*F.*	*N.*	*M.*	*F.*	*N.*
Nom.	**ipse**	**ipsa**	**ipsum**	**ipsī**	**ipsae**	**ipsa**
Gen.	**ipsīus**	**ipsīus**	**ipsīus**	**ipsōrum**	**ipsārum**	**ipsōrum**
Dat.	**ipsī**	**ipsī**	**ipsī**	**ipsīs**	**ipsīs**	**ipsīs**
Acc.	**ipsum**	**ipsam**	**ipsum**	**ipsōs**	**ipsās**	**ipsa**
Abl.	**ipsō**	**ipsā**	**ipsō**	**ipsīs**	**ipsīs**	**ipsīs**

39. Relative Pronoun and Adjective

	SINGULAR			PLURAL		
	M.	*F.*	*N.*	*M.*	*F.*	*N.*
Nom.	**quī**	**quae**	**quod**	**quī**	**quae**	**quae**
Gen.	**cuius**	**cuius**	**cuius**	**quōrum**	**quārum**	**quōrum**
Dat.	**cui**	**cui**	**cui**	**quibus**	**quibus**	**quibus**
Acc.	**quem**	**quam**	**quod**	**quōs**	**quās**	**quae**
Abl.	**quō**	**quā**	**quō**	**quibus**	**quibus**	**quibus**

40. Interrogative Pronoun

	SINGULAR		PLURAL		
	M. and F.	*N.*	*M.*	*F.*	*N.*
Nom.	**quis**	**quid**	**quī**	**quae**	**quae**
Gen.	**cuius**	**cuius**	**quōrum**	**quārum**	**quōrum**
Dat.	**cui**	**cui**	**quibus**	**quibus**	**quibus**
Acc.	**quem**	**quid**	**quōs**	**quās**	**quae**
Abl.	**quō**	**quō**	**quibus**	**quibus**	**quibus**

The interrogative adjective, **quī, quae, quod,** *what? what kind of?* is declined exactly as the relative pronoun.

41. Indefinites

SINGULAR

	PRONOUNS		ADJECTIVES		
	M. and F.	*N.*	*M.*	*F.*	*N.*
Nom.	**quisque**	**quidque**	**quisque**	**quaeque**	**quodque**
Gen.	**cuiusque**	**cuiusque**	**cuiusque**	**cuiusque**	**cuiusque**
Dat.	**cuique**	**cuique**	**cuique**	**cuique**	**cuique**
Acc.	**quemque**	**quidque**	**quemque**	**quamque**	**quodque**
Abl.	**quōque**	**quōque**	**quōque**	**quāque**	**quōque**

The plural is not often used.

42.

	Pronouns		Adjectives		
		SINGULAR			
	M. and F.	*N.*	*M.*	*F.*	*N.*
Nom.	aliquis	aliquid	aliquī	aliqua	aliquod
Gen.	alicuius	alicuius	alicuius	alicuius	alicuius
Dat.	alicui	alicui	alicui	alicui	alicui
Acc.	aliquem	aliquid	aliquem	aliquam	aliquod
Abl.	aliquō	aliquō	aliquō	aliquā	aliquō
		PLURAL			
Nom.	aliquī	aliqua	aliquī	aliquae	aliqua
Gen.	aliquōrum	aliquōrum	aliquōrum	aliquārum	aliquōrum
Dat.	aliquibus	aliquibus	aliquibus	aliquibus	aliquibus
Acc.	aliquōs	aliqua	aliquōs	aliquās	aliqua
Abl.	aliquibus	aliquibus	aliquibus	aliquibus	aliquibus

43.

	SINGULAR		
	M.	*F.*	*N.*
Nom.	quīdam	quaedam	quiddam (quoddam*)
Gen.	cuiusdam	cuiusdam	cuiusdam
Dat.	cuidam	cuidam	cuidam
Acc.	quendam	quandam	quiddam (quoddam*)
Abl.	quōdam	quādam	quōdam
	PLURAL		
Nom.	quīdam	quaedam	quaedam
Gen.	quōrundam	quārundam	quōrundam
Dat.	quibusdam	quibusdam	quibusdam
Acc.	quōsdam	quāsdam	quaedam
Abl.	quibusdam	quibusdam	quibusdam

44.

	SINGULAR	
	M. and F.	*N.*
Nom.	quisquam	quicquam, quidquam
Gen.	cuiusquam	cuiusquam
Dat.	cuiquam	cuiquam
Acc.	quemquam	quicquam, quidquam
Abl.	quōquam	quōquam

The plural is not found.

---

* These forms are used as adjectives.

VERBS

45. REGULAR VERBS

I. amō, –āre, –āvī, –ātus, *love*
II. moneō, –ēre, –uī, –itus, *warn, advise*
III. regō, –ere, rēxī, rectus, *direct, rule*
IV. audiō, –īre, –īvī, –ītus, *hear, listen*

Indicative

ACTIVE

PRESENT

SINGULAR

I	II	III	IV
amō	moneō	regō	audiō
amās	monēs	regis	audīs
amat	monet	regit	audit

PLURAL

I	II	III	IV
amāmus	monēmus	regimus	audīmus
amātis	monētis	regitis	audītis
amant	monent	regunt	audiunt

IMPERFECT

SINGULAR

I	II	III	IV
amābam	monēbam	regēbam	audiēbam
amābās	monēbās	regēbās	audiēbās
amābat	monēbat	regēbat	audiēbat

PLURAL

I	II	III	IV
amābāmus	monēbāmus	regēbāmus	audiēbāmus
amābātis	monēbātis	regēbātis	audiēbātis
amābant	monēbant	regēbant	audiēbant

FUTURE

SINGULAR

I	II	III	IV
amābō	monēbō	regam	audiam
amābis	monēbis	regēs	audiēs
amābit	monēbit	reget	audiet

PLURAL

amābimus	monēbimus	regēmus	audiēmus
amābitis	monēbitis	regētis	audiētis
amābunt	monēbunt	regent	audient

Perfect

SINGULAR

amāvī	monuī	rēxī	audīvī
amāvistī	monuistī	rēxistī	audīvistī
amāvit	monuit	rēxit	audīvit

PLURAL

amāvimus	monuimus	rēximus	audīvimus
amāvistis	monuistis	rēxistis	audīvistis
amāvērunt	monuērunt, –ēre	rēxērunt, –ēre	audīvērunt, –ēre

Pluperfect

SINGULAR

amāveram	monueram	rēxeram	audīveram
amāverās	monuerās	rēxerās	audīverās
amāverat	monuerat	rēxerat	audīverat

PLURAL

amāverāmus	monuerāmus	rēxerāmus	audīverāmus
amāverātis	monuerātis	rēxerātis	audīverātis
amāverant	monuerant	rēxerant	audīverant

Future Perfect

SINGULAR

amāverō	monuerō	rēxerō	audīverō
amāveris	monueris	rēxeris	audīveris
amāverit	monuerit	rēxerit	audīverit

PLURAL

amāverimus	monuerimus	rēxerimus	audīverimus
amāveritis	monueritis	rēxeritis	audīveritis
amāverint	monuerint	rēxerint	audīverint

PASSIVE

Present

SINGULAR

amor	moneor	regor	audior
amāris, –re	monēris, –re	regeris, –re	audīris, –re
amātur	monētur	regitur	audītur

PLURAL

amāmur	monēmur	regimur	audīmur
amāminī	monēminī	regiminī	audīminī
amantur	monentur	reguntur	audiuntur

Imperfect

SINGULAR

amābar	monēbar	regēbar	audiēbar
amābāris, –re	monēbāris, –re	regēbāris, –re	audiēbāris, –re
amābātur	monēbātur	regēbātur	audiēbātur

PLURAL

amābāmur	monēbāmur	regēbāmur	audiēbāmur
amābāminī	monēbāminī	regēbāminī	audiēbāminī
amābantur	monēbantur	regēbantur	audiēbantur

Future

SINGULAR

amābor	monēbor	regar	audiar
amāberis, –re	monēberis, –re	regēris, –re	audiēris, –re
amābitur	monēbitur	regētur	audiētur

PLURAL

amābimur	monēbimur	regēmur	audiēmur
amābiminī	monēbiminī	regēminī	audiēminī
amābuntur	monēbuntur	regentur	audientur

Perfect

SINGULAR

amātus	monitus	rectus	audītus	sum
				es
				est

PLURAL

amātī	monitī	rēctī	audītī	sumus
				estis
				sunt

Pluperfect

SINGULAR

amātus	monitus	rectus	audītus	eram
				erās
				erat

PLURAL

amātī	monitī	rectī	audītī	erāmus
				erātis
				erant

Future Perfect

SINGULAR

amātus	monitus	rectus	audītus	erō
				eris
				erit

PLURAL

amātī	monitī	rectī	audītī	erimus
				eritis
				erunt

Subjunctive

ACTIVE

Present

SINGULAR

amem	moneam	regam	audiam
amēs	moneās	regās	audiās
amet	moneat	regat	audiat

PLURAL

amēmus	moneāmus	regāmus	audiāmus
amētis	moneātis	regātis	audiātis
ament	moneant	regant	audiant

Imperfect

SINGULAR

amārem	monērem	regerem	audīrem
amārēs	monērēs	regerēs	audīrēs
amāret	monēret	regeret	audīret

PLURAL

amārēmus	monērēmus	regerēmus	audīrēmus
amārētis	monērētis	regerētis	audīrētis
amārent	monērent	regerent	audīrent

Perfect

SINGULAR

amāverim	monuerim	rēxerim	audīverim
amāverīs	monuerīs	rēxerīs	audīverīs
amāverit	monuerit	rēxerit	audīverit

PLURAL

amāverīmus	monuerīmus	rēxerīmus	audīverīmus
amāverītis	monuerītis	rēxerītis	audīverītis
amāverint	monuerint	rēxerint	audīverint

Pluperfect

SINGULAR

amāvissem	monuissem	rēxissem	audīvissem
amāvissēs	monuissēs	rēxissēs	audīvissēs
amāvisset	monuisset	rēxisset	audīvisset

PLURAL

amāvissēmus	monuissēmus	rēxissēmus	audīvissēmus
amāvissētis	monuissētis	rēxissētis	audīvissētis
amāvissent	monuissent	rēxissent	audīvissent

PASSIVE

Present

SINGULAR

amer	monear	regar	audiar
amēris, -re	moneāris, -re	regāris, -re	audiāris, -re
amētur	moneātur	regātur	audiātur

PLURAL

amēmur	moneāmur	regāmur	audiāmur
amēminī	moneāminī	regāminī	audiāminī
amentur	moneantur	regantur	audiantur

IMPERFECT

SINGULAR

amārer	monērer	regerer	audīrer
amārēris, –re	monērēris, –re	regerēris, –re	audīrēris, –re
amārētur	monērētur	regerētur	audīrētur

PLURAL

amārēmur	monērēmur	regerēmur	audīrēmur
amārēminī	monērēminī	regerēminī	audīrēminī
amārentur	monērentur	regerentur	audīrentur

PERFECT

SINGULAR

amātus	monitus	rectus	audītus	sim
				sīs
				sit

PLURAL

amātī	monitī	rectī	audītī	sīmus
				sītis
				sint

PLUPERFECT

SINGULAR

amatus	monitus	rectus	audītus	essem
				essēs
				esset

PLURAL

amātī	monitī	rectī	audītī	essēmus
				essētis
				essent

Imperative

ACTIVE

Present

SINGULAR

amā	monē	rege	audī

PLURAL

amāte	monēte	regite	audīte

Future

SINGULAR

2nd pers.	amātō	monētō	regitō	audītō
3rd pers.	amātō	monētō	regitō	audītō

PLURAL

2nd pers.	amātōte	monētōte	regitōte	audītōte
3rd pers.	amantō	monentō	reguntō	audiuntō

PASSIVE

Present

SINGULAR

amāre	monēre	regere	audīre

PLURAL

amāminī	monēminī	regiminī	audīminī

Future

SINGULAR

2nd pers.	amātor	monētor	regitor	audītor
3rd pers.	amātor	monētor	regitor	audītor

PLURAL

2nd pers.	———	———	———	———
3rd pers.	amantor	monentor	reguntor	audiuntor

Infinitive

ACTIVE

Present

amāre	monēre	regere	audīre

Perfect

amāvisse	monuisse	rēxisse	audīvisse

Future

amātūrus esse	monitūrus esse	rēctūrus esse	audītūrus esse

PASSIVE

Present

amārī	monērī	regī	audīrī

Perfect

amātus esse	monitus esse	rēctus esse	audītus esse

Future

amātum īrī	monitum īrī	rēctum īrī	audītum īrī

Participle

ACTIVE

Present

amāns	monēns	regēns	audiēns

Future

amatūrus	monitūrus	rēctūrus	audītūrus

PASSIVE

Perfect

amātus	monitus	rēctus	audītus

Gerund

Gen.	amandī	monendī	regendī	audiendī
Dat.	amandō	monendō	regendō	audiendō
Acc.	amandum	monendum	regendum	audiendum
Abl.	amandō	monendō	regendō	audiendō

Gerundive

amandus	monendus	regendus	audiendus

Supine

Acc.	amātum	monitum	rēctum	audītum
Abl.	amātū	monitū	rēctū	audītū

46. "Io" VERBS OF THE THIRD CONJUGATION

capiō, capere, cēpī, captus, *take, capture*

ACTIVE		PASSIVE	
Indicative	Subjunctive	Indicative	Subjunctive
	PRESENT		
	SINGULAR		
capiō	capiam	capior	capiar
capis	capiās	caperis	capiāris, –re
capit	capiat	capitur	capiātur
	PLURAL		
capimus	capiāmus	capimur	capiāmur
capitis	capiātis	capiminī	capiāminī
capiunt	capiant	capiuntur	capiantur
	IMPERFECT		
	SINGULAR		
capiēbam	caperem	capiēbar	caperer
capiēbās	caperēs	capiēbāris	caperēris, –re
capiēbat	caperet	capiēbātur	caperētur
	PLURAL		
capiēbāmus	caperēmus	capiēbāmur	caperēmur
capiēbātis	caperētis	capiēbāminī	caperēminī
capiēbant	caperent	capiēbantur	caperentur
	FUTURE		
	SINGULAR		
capiam		capiar	
capiēs		capiēris, –re	
capiet		capiētur	

PLURAL

capiēmus	capiēmur
capiētis	capiēminī
capient	capientur

Perfect

SINGULAR

cēpī	cēperim	captus sum	captus sim
cēpistī	cēperīs	es	sīs
cēpit	cēperit	est	sit

PLURAL

cēpimus	cēperīmus	captī sumus	captī sīmus
cēpistis	cēperītis	estis	sītis
cēpērunt, –ēre	cēperint	sunt	sint

Pluperfect

SINGULAR

cēperam	cēpissem	captus eram	captus essem
cēperās	cēpissēs	erās	essēs
cēperat	cēpisset	erat	esset

PLURAL

cēperāmus	cēpissēmus	captī erāmus	captī essēmus
cēperātis	cēpissētis	erātis	essētis
cēperant	cēpissent	erant	essent

Future Perfect

SINGULAR

cēperō	captus erō
cēperis	eris
cēperit	erit

PLURAL

cēperimus	captī erimus
cēperitis	eritis
cēperint	erunt

Imperative

ACTIVE		PASSIVE	
	PRESENT		
SINGULAR	PLURAL	SINGULAR	PLURAL
cape	capite	capere	capiminī

FUTURE

	SINGULAR	PLURAL	SINGULAR	PLURAL
2nd pers.	capitō	capitōte	capitor	———
3rd pers.	capitō	capiuntō	capitor	capiuntor

Infinitive

	ACTIVE	PASSIVE
Pres.	capere	capī
Perf.	cēpisse	captus esse
Fut.	captūrus esse	captum īrī

Participle	Gerund	Gerundive	Supine
Pres. capiēns	*Gen.* capiendī	capiendus	*Acc.* captum
Fut. captūrus	*Dat.* capiendō		*Abl.* captū
Perf. captus	*Acc.* capiendum		
	Abl. capiendō		

47. DEPONENT VERBS

I mīror, mīrārī, mīrātus sum, *wonder at*
II vereor, verērī, veritus sum, *fear*
III sequor, sequī, secūtus sum, *follow*
IV potior, potīrī, potītus sum, *seize*
–ior verb: patior, patī, passus sum, *suffer*

Indicative Mood

PRESENT

SINGULAR

I	II	III	IV	–ior *Verb*
mīror	vereor	sequor	potior	patior
mīrāris	verēris	sequeris	potīris	pateris
mīrātur	verētur	sequitur	potītur	patitur

PLURAL

I	II	III	IV	–ior *Verb*
mīrāmur	verēmur	sequimur	potīmur	patimur
mīrāminī	verēminī	sequiminī	potīminī	patiminī
mīrantur	verentur	sequuntur	potiuntur	patiuntur

IMPERFECT

mīrābar	verēbar	sequēbar	potiēbar	patiēbar

FUTURE

mīrābor	verēbor	sequar	potiar	patiar

PERFECT

mīrātus sum	veritus sum	secūtus sum	potītus sum	passus sum

PLUPERFECT

mīrātus eram	veritus eram	secūtus eram	potītus eram	passus eram

FUTURE PERFECT

mīrātus erō	veritus erō	secūtus erō	potītus erō	passus erō

Subjunctive

PRESENT

mīrer	verear	sequar	potiar	patiar

IMPERFECT

mīrārer	verērer	sequerer	potīrer	paterer

PERFECT

mīrātus sim	veritus sim	secūtus sim	potītus sim	passus sim

PLUPERFECT

mīrātus essem	veritus essem	secūtus essem	potītus essem	passus essem

Imperative

PRESENT

mīrāre	verēre	sequere	potīre	patere

FUTURE

mīrātor	verētor	sequitor	potītor	patitor

Infinitive

PRESENT

mīrārī	verērī	sequī	potīrī	patī

PERFECT

mīrātus esse	veritus esse	secūtus esse	potītus esse	passus esse

FUTURE

mīrātūrus esse	veritūrus esse	secūtūrus esse	potītūrus esse	passūrus esse

Participles

PRESENT

mīrāns	verēns	sequēns	potiēns	patiēns

PERFECT

mīrātus	veritus	secūtus	potītus	passus

FUTURE ACTIVE

mīrātūrus	veritūrus	secūtūrus	potītūrus	passūrus

FUTURE PASSIVE

mīrandus	verendus	sequendus	potiendus	patiendus

Gerund

mīrandī	verendī	sequendī	potiendī	patiendī

Supine

Acc	mīrātum	veritum	secūtum	potītum	passum
Abl.	mīrātū	veritū	secūtū	potītū	passū

IRREGULAR VERBS

48. sum, esse, fuī, futūrus, *am*

Indicative

SINGULAR

PRESENT	IMPERFECT	FUTURE	PERFECT	PLUPERFECT	FUTURE PERFECT
sum	eram	erō	fuī	fueram	fuerō
es	erās	eris	fuistī	fuerās	fueris
est	erat	erit	fuit	fuerat	fuerit

PLURAL

sumus	erāmus	erimus	fuimus	fuerāmus	fuerimus
estis	erātis	eritis	fuistis	fuerātis	fueritis
sunt	erant	erunt	fuērunt	fuerant	fuerint

Subjunctive

	SINGULAR		
PRESENT	IMPERFECT	PERFECT	PLUPERFECT
sim	essem	fuerim	fuissem
sīs	essēs	fuerīs	fuissēs
sit	esset	fuerit	fuisset
	PLURAL		
sīmus	essēmus	fuerīmus	fuissēmus
sītis	essētis	fuerītis	fuissētis
sint	essent	fuerint	fuissent

	Imperative		Infinitive		Participle	
	SING.	PLU.				
Pres.	es	este	*Pres.*	esse		
			Perf.	fuisse		
Fut.	estō	estōte	*Fut.*	futūrus esse	*Fut.*	futūrus
	estō	suntō				

49. possum, posse, potuī, *be able, can*

Indicative		Subjunctive	
	PRESENT		
SING.	PLU.	SING.	PLU.
possum	possumus	possim	possīmus
potes	potestis	possīs	possītis
potest	possunt	possit	possint
	IMPERFECT		
poteram	poterāmus	possem	possēmus
poterās	poterātis	possēs	possētis
poterat	poterant	posset	possent
	FUTURE		
poterō	poterimus		
	PERFECT		
potuī	potuimus	potuerim	potuerīmus
	PLUPERFECT		
potueram	potuerāmus	potuissem	potuissēmus
	FUTURE PERFECT		
potuerō	potuerimus		

Infinitive

Present	Perfect
posse	potuisse

50. dō, dare, dedī, datus, *give*

Indicative		Subjunctive	
	Present		
sing.	plu.	sing.	plu.
dō	**dāmus**	**dem**	**dēmus**
dās	**dātus**	**dēs**	**dētis**
dat	**dant**	**det**	**dent**
	Imperfect		
dabam	**dabāmus**	**darem**	**darēmus**
dabās	**dabātis**	**darēs**	**darētis**
dabat	**dabant**	**daret**	**darent**
	Future		
dabō	**dabimus**		
	Perfect		
dedī	**dedimus**	**dederim**	**dederīmus**
	Pluperfect		
dederam	**dederāmus**	**dedissem**	**dedissēmus**
	Future Perfect		
dederō	**dederimus**		

Imperative			Infinitive		Participle	
	sing.	plu.				
Pres.	**dā**	**date**	*Pres.*	**dare**	*Pres.*	**dāns**
	Future		*Perf.*	**dedisse**	*Perf.*	**datus**
2nd pers.	**datō**	**datōte**	*Fut.*	**datūrus esse**	*Fut.*	**datūrus**
3rd pers.	**datō**	**dantō**				

Gerund	Supine	
dandī	*Acc.*	**datum**
	Abl.	**datū**

The passive voice is inflected consistently with the short vowel: **darī, datur, dabātur,** etc

51. ferō, ferre, tulī, lātus, *bring*

Indicative

Present

ACTIVE		PASSIVE	
SING.	PLU.	SING.	PLU.
ferō	ferimus	feror	ferimur
fers	fertis	ferris, -re	feriminī
fert	ferunt	fertur	feruntur

Imperfect

ferēbam	ferēbāmus	ferēbar	ferēbāmur
ferēbās	ferēbātis	ferēbāris	ferēbāmini
ferēbat	ferēbant	ferēbātur	ferēbantur

Future

feram	ferēmus	ferar	ferēmur

Perfect

tulī	tulimus	lātus sum	lātī sumus

Pluperfect

tuleram	tulerāmus	lātus eram	lātī erāmus

Future Perfect

tulerō	tulerimus	lātus erō	lātī erimus

Subjunctive

Present

feram	ferāmus	ferar	ferāmur

Imperfect

ferrem	ferrēmus	ferrer	ferrēmur

Perfect

tulerim	tulerīmus	lātus sim	lātī sīmus

Pluperfect

tulissem	tulissēmus	lātus essem	lātī essēmus

Imperative

	ACTIVE		PASSIVE	
	PRESENT			
	SING.	PLU.	SING.	PLU.
	fer	ferte	ferre	feriminī
	FUTURE			
2nd pers.	fertō	fertōte	fertor	———
3rd pers.	fertō	feruntō	fertor	feruntor

Infinitive

	ACTIVE	PASSIVE
Pres.	ferre	ferrī
Perf.	tulisse	lātus esse
Fut.	latūrūs esse	lātum īrī

Participle

	ACTIVE		PASSIVE
Pres.	ferēns	*Perf.*	lātus
Fut.	lātūrus	*Fut.*	ferendus

Gerund

ferendī

Supine

Acc. lātum
Abl. lātū

52. volō, velle, voluī, *wish, be willing*
nōlō, nōlle, nōluī, *be unwilling*
mālō, mālle, māluī, *prefer*

Indicative

PRESENT

SINGULAR		
volō	nōlō	mālō
vīs	nōn vīs	māvīs
vult	nōn vult	māvult
PLURAL		
volumus	nōlumus	mālumus
vultis	nōn vultis	māvultis
volunt	nōlunt	mālunt

IMPERFECT

volēbam	nōlēbam	mālēbam

FUTURE

volam	nōlam	mālam

PERFECT

voluī	nōluī	māluī

PLUPERFECT

volueram	nōlueram	mālueram

FUTURE PERFECT

voluerō	nōluerō	māluerō

Subjunctive

PRESENT

velim	nōlim	mālim

IMPERFECT

vellem	nōllem	māllem

PERFECT

voluerim	nōluerim	māluerim

PLUPERFECT

voluissem	nōluissem	māluissem

Imperative

		SING.	PLU.
Pres.		nōlī	nōlīte
Fut.	*2nd pers.*	nōlītō	nōlītōte
	3rd pers.	nōlītō	nōluntō

Infinitive

Pres.	velle	nōlle	mālle
Perf.	voluisse	nōluisse	māluisse

Participle

Pres.	volēns	nōlēns

53. fiō, fierī, factus sum, *become*

Indicative		Subjunctive	
	PRESENT		
SING.	PLU.	SING.	PLU.
fiō	fīmus	fīam	fīāmus
fīs	fītis	fīās	fīātis
fit	fīunt	fīat	fīant

IMPERFECT

fīēbam	fīēbāmus	fierem	fierēmus
fīēbās	fīēbātis	fierēs	fierētis
fīēbat	fīēbant	fieret	fierent

FUTURE

fīam	fīēmus

PERFECT

factus sum	factī sumus	factus sim	factī sīmus

PLUPERFECT

factus eram	factī erāmus	factus essem	factī essēmus

FUTURE PERFECT

factus erō	factī erimus

Imperative			Infinitive		Participle	
			Pres.	fierī		
	SING.	PLU.	*Perf.*	factus esse	*Perf.*	factus
Pres.	fī	fīte	*Fut.*	factum īrī	*Fut.*	faciendus

54. eō, īre, iī (īvī), itum, *go*

Indicative		Subjunctive	

PRESENT

SING.	PLU.	SING.	PLU.
eō	īmus	eam	eāmus
īs	ītis	eās	eātis
it	eunt	eat	eant

IMPERFECT

ībam	ībāmus	īrem	īrēmus
ībās	ībātis	īrēs	īrētis
ībat	ībant	īret	īrent

FUTURE

ībō	ībimus

PERFECT

iī, īvī	iimus, īvimus	ierim, īverim	ierīmus, īverīmus

PLUPERFECT

ieram, īveram	**ierāmus, īverāmus**	**īssem, īvissem**	**īssēmus, īvissēmus**

FUTURE PERFECT

ierō, īverō	**ierimus, īverimus**

Imperative			Infinitive	
	SING.	PLU.		
Pres.	**ī**	**īte**	*Pres.*	**īre**
Fut.	**ītō**	**ītōte**	*Perf.*	**īsse, īvisse**
	ītō	**euntō**	*Fut.*	**itūrus esse**

Participle		Gerund	Supine	
Pres.	**iēns** (*gen.* **euntis**)	**eundī**	*Acc.*	**itum**
Fut.	**itūrus**		*Abl.*	**itū**

DEFECTIVE VERBS

Defective verbs are verbs which do not have certain forms possessed by other verbs.